이광수 친필 시첩

『내 노래』, 『내 노래 上』

서강한국학자료총서 03

이광수 친필 시첩

『내 노래』, 『내 노래 上』

초판 발행 2017년 2월 27일

지은이 이광수
엮은이 하타노 세츠코, 심원섭, 이유진
펴낸이 유재현
편 집 온현정
마케팅 유현조
디자인 박정미
인쇄·제본 영신사
종 이 한서지업사

펴낸곳 소나무
등 록 1987년 12월 12일 제2013-000063호
주 소 412-190 경기도 고양시 덕양구 대덕로 86번길 85(현천동 121-6)
전 화 02-375-5784
팩 스 02-375-5789
전자우편 sonamoopub@empas.com
전자집 blog.naver.com/sonamoopub1

ISBN 978-89-7139-597-4 93810

책값 20,000원

이 도서의 국립중앙도서관 출판예정도서목록(CIP)은 서지정보유통지원시스템 홈페이지(http://seoji.nl.go.kr)와 국가자료공동목록시스템(http://www.nl.go.kr/kolisnet)에서 이용하실 수 있습니다.(CIP제어번호: CIP2017003616)

이광수 친필 시첩
『내 노래』, 『내 노래 上』

이광수 지음

하타노 세츠코, 심원섭, 이유진 엮음

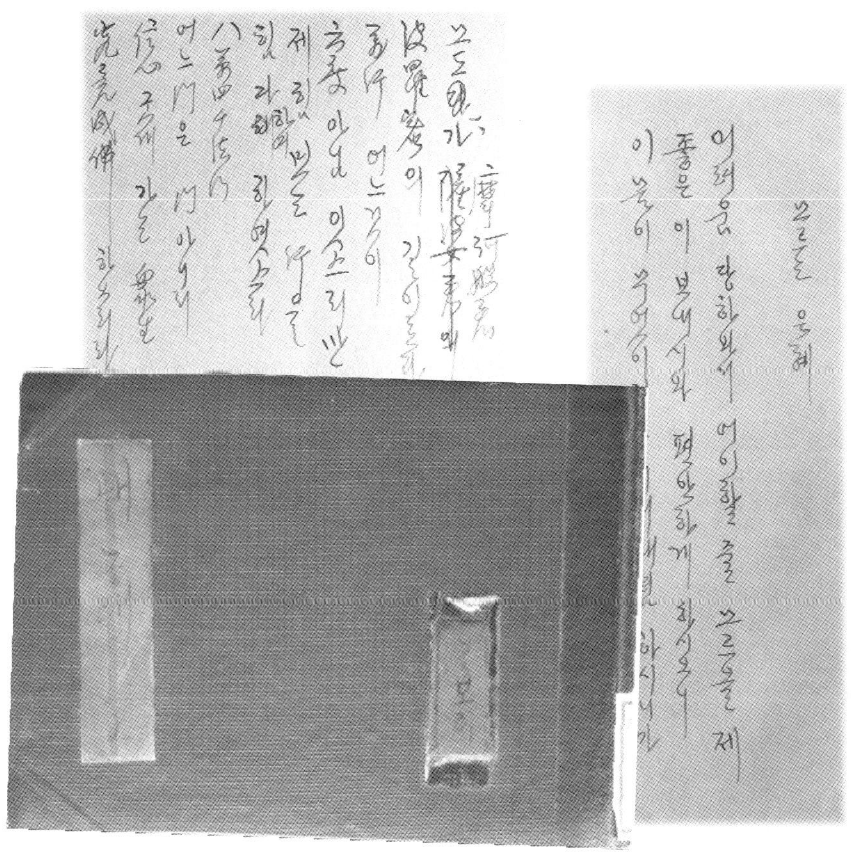

소나무

자료집을 펴내며

이 책은 동경외국어대학 중앙도서관 귀중도서실에 보관되어 있던 이광수의 육필 시첩『내 노래』두 권을 사진으로 촬영하고 본문을 활자로 입력한 후 해설을 덧붙인 것이다. 동경외국어대학 중앙도서관은 두 권 모두『내 노래』라는 제목을 붙였는데, 본서에서는 시첩에 붙어 있는 제목을 따라서 한 권은『내 노래』, 나머지 한 권은『내 노래 上』이라고 제목을 붙였다.

이 책은 이유진(李侑珍), 심원섭(沈元燮), 하타노 세츠코(波田野節子) 세 사람이 협력하여 작성했다. 이유진은 이광수의 전 시작품을 정리하고 시첩들 속에 기록되어 있는 시의 위치를 명확히 하는 한편 본문을 일일이 컴퓨터로 입력했다. 판독이 어려운 부분은 함께 공동으로 검토했다. 촬영 작업은 심원섭을 중심으로 진행했으며, 「해제」는 하타노가, 「해방 전후기 이광수의 내면 풍경」은 심원섭이 작성했다.

이 책의 간행을 흔쾌히 허락해 주신 이광수의 차녀 이정화(李廷華) 씨께 깊은 감사를 드린다. 또 이 책을 서강한국학자료총서로 간행하기 위해 애써 주신 서강대학교의 최기영 교수님과 최주한 연구교수, 그리고 까다로운 편집 작업을 맡아 주신 소나무출판사 여러분께도 감사드린다.

2016년 11월 하순

하타노 세츠코

차례

해제

이광수의 세 시집

『삼인시가집』, 『춘원시가집』, 『시집 사랑』

하타노 세츠코

이광수는 많은 시를 썼지만 생전에 낸 시집 수는 의외로 적다. 1929년에 김동환·주요한과 같이 낸 『삼인시가집』과 1940년에 낸 『춘원시가집』 두 권뿐이다. 『삼인시가집』에는 1910년대와 20년대에 쓴 56편이 수록되어 있는데 그 절반이 『춘원시가집』에 다시 수록되어 있다. 『춘원시가집』에는 1930년대 작품을 중심으로 모두 149편의 작품이 수록되어 있다. 이 두 시집에 있는 작품들은 거의 다 잡지에 한 번씩 발표되었던 것들이다.

이광수가 납북된 지 5년 후인 1955년, 부인 허영숙 여사가 문선사에서 『시집 사랑』이라는 유고 시집을 간행했다. 이광수 자신이 엮었다는 설명이 없으므로 이것은 그가 남긴 원고를 허 여사가 정리해서 간행한 것으로 생각된다. 이 시집에 수록된 98편 중 대부분은 해방 후에 지은 것이다. 그러나 이 무렵 이광수는 대일 협력과 관련된 규탄을 받고 있던 중이어서 작품을 잡지에 발표하기는 어려웠을 것이다. 잡지에 발표된 사실이 확인된 작품은 많지 않다.

두 권의 친필 시첩

1962년 3월에 삼중당에서 『이광수전집』의 간행이 시작되어 다음 해 4월에 『이광수전집 15: 삼인시가집 · 춘원시가집 · 시집 사랑 외』(이하 『전집 15』)가 나왔다. 『전집 15』에는 이광수의 세 시집에 들어 있는 작품 외에 신문과 잡지에 발표된 작품, 모두 353편이 수록되었다.

그런데 그해 9월에 나온 『이광수전집 19: 일기 · 묵상록 · 補遺(1)』(이하 『전집 19』)에는 33편의 시가 실려 있다. 전집 간행을 시작한 후에 발견된 친필 시첩 속의 '미발표 시'들이었다. 편집 실무를 맡았던 노양환은 『전집 19』 후기에서 이렇게 쓰고 있다.

> 앞에서 언급한 대로 본권을 편집하는 중에 춘원 선생 댁 서재에서 많은 미발표 원고를 찾아냈다. 그중에서도 두 권의 친필 시첩은 뜻밖의 수확이다. 그래서 이번에 수확한 미발표 시는 모두 여기서 옮긴 것이다.
>
> 한 권은 『춘원시가집』(1940년 2월 박문서관판) 백지제본白紙製本에 쓰여진 것인데, 「淸淨行」·「門」·「病든 乞人」·「福」·「모르는 은혜」의 다섯 편이 실려 있다. 이것은 시가집의 발간 연대로 보아 1940年代(2月 이후)의 작품이다. 또 한 권은 국판반절菊判半切의 두꺼운 백지제본白紙製本인데, 1948년부터 49년대의 것으로 시집 『사랑』(1950년 10월 문선사판)에 발표된 것을 제외한 나머지 28편은 본권에 수록하였다.

이 '두 권의 친필 시집'의 원본을 본 사람은 전집 편집 관계자뿐이었다. 삼중당 판을 이어받아 우신사가 1979년에 간행한 전 10권 『이광수전집』의 별권에는 「내 노래」의 원본 사진이 세 장 실려 있었는데 실물이 어디에 있는지는 알려진 바가 없었다.

두 권의 「내 노래」: 『내 노래』와 『내 노래 上』

2015년 1월 나는 동경외국어대학 중앙도서관 귀중도서실에 있는 한국어 자료를 조사하여 '두 권의 친필 시첩'이 귀중도서로 소장되어 있다는 사실을 알게 되었다. 동경외국어대학 도서관이 1992년에 구입한 '한국 관계 자료' 속에 두 권이 들어 있었던 것이다.

한 권은 표지가 푸른색 천으로 되어 있고 속표지에는 "내 노래"라는 제목이 붙어 있다. 또 한 권은 크기가 그 절반 정도로 갈색 종이 표지에 "내 노래 上"이라는 제목이 쓰인 종이가 붙어 있다. (이하 이 두 권의 시첩을 각각 「내 노래」와 「내 노래 上」이라고 부르기로 한다.) 이들 시첩을 무심코 손에 들었다가 이광수가 손수 만든 시집임을 알았을 때 나는 몸이 떨리도록 감동했다. 친필이란 활자와 다른 전달력을 가지고 있다. 만년필의 농담이 남아 있는 글자들 속에서 이광수가 그것을 썼을 때의 마음의 움직임까지 느낄 수 있을 것 같았다.

『내 노래』는 1940년 박문서관에서 『춘원시가집』을 500부 한정판으로 간행했을 때 남은 백지본으로 만든 것으로 「모르는 은혜」·「福」·「病든 乞人」·「門」·「淸淨行」 다섯 편이 세로쓰기로 적혀 있다. 해방 전에 쓴 것으로 추측되지만 집필 시기의 해명은 앞으로 남은 과제다. 이광수는 이 시첩을 장녀 이정란 씨에게 주었던 것 같다. 남은 부분에는 씨가 쓴 글이 남아 있다.

『내 노래 上』의 크기는 매우 작아서 『내 노래』의 절반 정도다. 표지

왼편에 "내 노래 上"이라고 세로로 쓴 종이가 테이프로 붙어 있고 그 오른쪽에 "올보리"라는 작자 이름이 쓰여진 종이가 역시 테이프로 붙어 있다. '올보리'란 이광수가 오산학교 시절에 사용하던 호이다. 『나의 고백』(1948)에서 그는 이렇게 쓴 바 있다.

> 나는 고주라는 호를 가졌으나 교사가 되어서는 '올보리'라고 자칭하였다. 올보리란 맛있는 곡식은 아니나, 다른 것이 아직 나기 전에 굶주림을 면하는 양식이다. 나도 좋은 양식이 되려는 야심을 버리고 급한 데 임시로 쓰이는 올보리가 되자는 것이엇다.

이 무렵 이광수는 다시 한 번 그 마음으로 살려고 했을 것이다. 그런데 '上'이 있으면 '下'도 있을 법한데 그것은 발견되지 않았다.

『내 노래 上』에는 61편의 시가 세로쓰기로 적혀 있다. 그중 30편은 『시집 사랑』과 『전집 15』에 수록되었고 나머지 31편 중 28 편은 「未発表詩帖〈내 노래〉所載」라는 부기와 함께 『전집 19』에 수록되어 있는데 「柳樹人從江南来訪」, 「卽興」, 「法華經」 세 편은 누락되었다.

다음의 표는 두 권 시첩에 있는 시의 제목에 번호를 붙이고 표로 만든 것이다. 괄호로 묶은 제목들은 이광수 이외의 사람이 연필로 쓴 것이다. 『내 노래 上』의 61편 중 13편에는 시 말미에 창작 날짜가 단기로 기재되어 있어 서기로 바꿔 놓았다. 작품의 원수록처도 제시했다. 『시집 사랑』에 수록되었던 작품들은 자동적으로 『전집 15』에 수록되었다.

〈표 1〉『내 노래』

1	모르는 은혜	『전집 19』
2	福	『전집 19』
3	病든 乞人	『전집 19』
4	(門)	『전집 19』
5	(淸淨行)	『전집 19』

〈표 2〉『내 노래 上』

1	피아노 소리		『전집 19』
2	기츰		『시집 사랑』,『전집 15』
3	세상		『전집 19』
4	한 아궁이		『전집 19』
5	왜		『시집 사랑』,『전집 15』
6	따끔령		『전집 19』
7	사랑	1949.5.28	『시집 사랑』,『전집 15』
8	高麗磁器		『전집 19』
9	개피떡		『전집 19』
10	부서운 날		『전집 19』
11	(無題)		『전집 19』
12	사랑		『시집 사랑』,『전집 15』
13	간수		『시집 사랑』,『전집 15』
14	기러기		『시집 사랑』,『전집 15』
15	因果應報	1949.3.17	『시집 사랑』,『전집 15』
16	(因果)		『전집 19』
17	임	1949.3.17	『시집 사랑』,『전집 15』
18	임이름	1949.3.17	『시집 사랑』,『전집 15』
19	草翁		『시집 사랑』,『전집 15』
20	柳樹人從江南来訪		

21	(자비를 잃은 마음)		『전집 19』
22	和平		『전집 19』
23	셋재 싸옴	1949.4.12	『전집 19』
24	진달레	1949.4.12	『시집 사랑』, 『전집 15』
25	그 나무 왜 꺾나	1949.4.12	『시집 사랑』, 『전집 15』
26	오랑캐꽃		『시집 사랑』, 『전집 15』
27	완전		『시집 사랑』, 『전집 15』
28	요새	1949.4.20	『시집 사랑』, 『전집 15』
29	광경		『전집 19』
30	소원		『시집 사랑』, 『전집 15』
31	即興		
32	折枝	1949.4.21	『시집 사랑』, 『전집 15』
33	의지		『시집 사랑』, 『전집 15』
34	두 마음		『시집 사랑』, 『전집 15』
35	나(1)		『전집 19』
36	나(2)		『전집 19』
37	안해의 설교	1949.4.30	『전집 19』
38	이야기		『시집 사랑』, 『전집 15』
39	서로		『시집 사랑』, 『전집 15』
40	가는 봄		『시집 사랑』, 『전집 15』
41	무슨 원?		『시집 사랑』, 『전집 15』
42	시골 풍경		『시집 사랑』, 『전집 15』
43	사랑과 미움		『전집19』
44	안락		『시집 사랑』, 『전집 15』
45	나라 타령	1949.5.3	『전집19』
46	과년		『시집 사랑』, 『전집 15』
47	정도령		『시집 사랑』, 『전집 15』
48	사랑		『전집 19』
49	마음		『전집 19』
50	저 해를 바라보니		『전집 19』

51	왜 사나		『전집 19』
52	解放		『전집 19』
53	(왜늘 싸우시오)		『전집 19』
54	(살기 좋은 세상)		『전집 19』
55	(支配者)		『전집 19』
56	구데기와 개미	1949.5.18	『시집 사랑』, 『전집 15』
57	묵은 꽃씨		『시집 사랑』, 『전집 15』
58	잘살 수 있는 나라	1949.5.19	『전집 19』
59	法華經		
60	하나님		『시집 사랑』, 『전집 15』
61	제목 없음		『전집 19』

관계자들의 증언

이 두 권의 시첩을 기초로 전집을 편집한 사람이 바로 삼중당 출판사에 근무하고 있던 노양환 씨다. 나는 2015년 11월 8일 노양환 씨의 자택에서 귀중한 증언을 얻었다. 우선 두 권의 시첩을 이광수의 서재에서 찾아낸 사람이 누구냐라는 질문에 그는 자기가 직접 서재에서 찾은 것이 아니라 허영숙 여사가 이런 것이 있다면서 편집 장소에 가지고 왔다고 밝혔다.

『내 노래』의 푸른색 천으로 된 표지를 넘기면 분홍색 페이지에 "東大新洞 三街 一五六 李漢稷(동대신동 3가 156 이한직)"이라는 글자가 있다. 그것에 대해 질문했더니 허영숙 여사가 지인의 이름을 쓰려다가 종이가 없어서 메모지 대신 썼던 것이라고 했다.

다음에 연필로 쓴 시 제목에 대해서 질문했다. 이광수 본인이 만년필로 쓴 것으로 보이는 제목 외에 다른 사람이 연필로 쓴 8개의 제목이 있는데, 그건 누가 썼느냐는 질문에 씨는 제목이 없으면 편집상 곤란해서 자기가 쓴 것이라고 대답했다. 어떻게 제목을 만들었느냐는 질문에 그는 시를 자세히 읽고 적당한 말을 찾아내서 지었다고 대답했다.

연필 필적의 '◎'표가 있는 시와 없는 시가 있는데 그것은 무슨 뜻이냐는 질문에는 '◎'표가 붙어 있는 시는 『전집 15』에 수록되어 있지 않은 작품, 즉 『전집19』에 '미발표 시'로 넣어야 할 작품이라는 표시라고 대답했다. 또 '時調'라는 연필 글자는 전집에서 시와 시조를 나누어 편집하기 위해 자기가 썼다고 했다. 제목 위에 가끔 쓰여 있던 만년필 필적의 '×'표는 전부터 있던 것이므로 이광수가 쓴 것이겠지만 의미는 알 수 없다고 했다.

시첩에는 수정이 전혀 없는 페이지도 있지만 수정 흔적이 눈에 띄는 페이지도 많다. 이광수의 차녀 이정화 씨는 아버지는 원고를 거의 수정하지 않았다고 나에게 말한 바 있다(2016년 9월 26일 서울YMCA호텔에서). 이광수의 제자를 자임하던 피천득도 이광수는 "써 내려간 원고를 고치는 일은 별로 없었다"고 회상한 바 있다(「광풍제월光風霽月 같은 춘원 선생」, 《신세계》, 1962년 12월호). 그런 이광수가 남긴 수정 흔적이 많은 이 시첩은 정서한 것이 아니라 시를 지으면서 쓴 것으로 보아도 된다고 생각한다.

『내 노래 上』에 있는 61편 중 30편은 허영숙 여사가 편집한 『시집 사랑』에 실려 있다. 허 여사는 당시 『내 노래 上』의 존재를 모르는 상태였다. 그러면 그는 어떤 원고를 기초로 시집을 편집했을까? 그것은 이광수가 『내 노래 上』에서 옮겨 쓴 원고였을 가능성이 크다. 이광수는 『내 노래 上』에서 30편만 골라서 원고지에 옮겨 썼던 것일까? 또는 다 옮겨 썼지만 30편만 남아 있었던 것일까? 허영숙 여사의 증언도 없고 원고 원본도 없는 이상 그것까지는 알 길이 없다.

노양환 씨와의 인터뷰를 통해서 허영숙 여사가 원고 원본에 대해 어떤 생각을 가지고 있었던가를 엿볼 수 있었다. 원고지의 내용이 일단 활자화되면 원본이 필요없다고 생각하고 여사는 원고를 보관할 생각은 안 했던 모양이다. 어떤 날에는 편집이 끝난 대량의 원고지를 처분해 달라고 부탁받은 일도 있었다고 노양환 씨는 말했다.

『내 노래 上』에 대하여

두 원본이 발견된 의의는 크다. 전집에 누락되어 있던 시를 보충하고 오탈자를 고칠 수 있는 것은 물론이지만, 무엇보다도 1950년에 행방불명이 된 이광수가 그 전해인 1949년에 어떤 심경으로 살고 있었던가를 『내 노래 上』을 통해서 알 수 있기 때문이다.

이광수는 1949년 2월 7일 반민족행위처벌법으로 체포되어 3월 4일 보석으로 석방되었다. 〈표 2〉에서 제시한 바와 같이 『내 노래 上』에 있는 61편 중 13편에는 창작 날짜가 기재되어 있는데 가장 빠른 것이 3월 17일이고 가장 늦은 것이 5월 28일이다. 이로 보아 이광수는 보석 후 세 달 사이에 이 시들을 썼던 것 같다. 그런데 5월 28일에 썼다고 기재되어 있는 장시 「사랑」(7: 〈표 2〉의 번호. 이하 같음)이 시첩의 전반부에 있는 것이 이상하다. 이 시를 쓴 페이지의 이음매가 테이프로 수선되어 있고 또 쪽머리에 순서를 가리키는 번호가 적혀 있는 것으로 보아 제본할 때 페이지의 순서를 바꿨을 가능성이 있다. 또한 「柳樹人從江南来訪」(20)도

〈표 2〉를 보면 3월 17일과 4월 12일 사이에 쓴 것이지만, 柳樹人의 서울 방문기 「憶漢城」(1951)에 의하면 그가 서울에 온 것이 5월 3일이니까 이 페이지도 순서가 바뀌었다고 보아야 할 것이다.

부분적으로 이런 문제가 있긴 하나 대부분의 시들은 배치된 순서대로 쓰여졌다고 봐도 될 것 같다. 그래서 우리는 『내 노래 上』을 읽으면서 이광수가 어떤 마음으로 그 시기를 보내고 있었던가를 느낄 수 있다. 최초의 시 「피아노 소리」(1)는 보석된 이광수가 병상의 이불 속에서 멍하니 피아노 소리를 듣고 있는 모습을 상상시킨다. 이윽고 그는 서대문 형무소에 수감되어 있었을 때를 생각하면서 「사랑」(12)과 「간수」(13)를 썼다. 3월 17일 비가 오는 날, 그는 하루 네 편의 시를 썼다. "진 빚은 갚아야 한다"로 시작하는 「因果應報」(15), "그러나 나는 믿습니다—因果의 理法을。 힘의 不滅을"로 시작하는 장시 「因果」(16), "돌아 보니 수미산 같은 내 죄"로 시작하는 「임」(17)을 쓰고 그다음 「임이름」(18)으로 임의 이름을 불렀다.

4월 12일에도 그는 세 편을 썼는데 이 무렵부터 세계와 한국의 미래를 걱정하는 시가 나타나기 시작한다. 이때 이광수는 새 국가 건설기를 맞이하여 나라를 이끄는 자와 국민이 가져야 할 마음가짐을 제시하는 장편소설 『사랑의 동명왕(東明王)』을 집필하고 있었다. 나라의 위기를 눈앞에 보면 가만히 있을 수 없는 그의 성격이 해방 전과 전혀 달라진 데가 없어 읽는 이의 마음을 복잡하게 만든다.

> 이 땅 사람을 무엇으로 위로하나
> 심심찮은 이야기나 하나 지어 읽어 드릴까나

로 시작하는 시 「이야기」(38)에서 그는 자기도 '이야기꾼'으로 새나라 만들기에 공헌할 것을 언명한다. 이광수는 늘 '이야기'와 '노래'의 시인이었다. 1936년에 그가 노래한 「내 노래」는 이렇게 시작한다.

> 먼 길 가는 손님네야
> 내 노래나 듣고 가소
> 다린들 안 아프리
> 잠깐 앉어 쉬어 가소

그는『나·소년편』(1947) 서문에서 이 시에 대해 이렇게 언급한 바 있다.

> 나는 일찍 문학을 짓는 나를 길가에 주막을 짓고 앉았는 이야기꾼에 비긴 일이 있었다. 험하고 지리한 인생길을 걷기에 지친 사람들이 잠깐 내 집에 들어 다리를 쉬는 동안에 내가 하는 이야기에서 위로를 받고 내가 부르는 노래로 아픔을 잊으라 하는 뜻이었다. 듣고 싶으면 끝까지 들어도 좋고 싫거는 중간에 마음내로 가도 좋다. 끝까지 들었다고 들은 값을 내라고 할 나도 아니거니와 이야기 중간에 나간다고 섭섭은 할지언정 원망할 나는 아니라고 생각한 것이다.

이 '이야기꾼'의 마음을 가지고 이광수는 독자들과의 유대를 이어가려고 원했던 것이다. 4월 21일에 지은 시 「折枝」(32)에서는 자신을, 꺾여 병에 꽂히면서도 잎을 피워 '맺힌 맘'을 푸는 나뭇가지에 비유하며 "맺힌 봉오리는/ 피고야 마네/ 먹은 맘이길래"라고 노래한다. 그리고 멸망의 길로 걸어가려는 세계를 걱정하면서 「하나님」(60)에서는 "나라도 나서서 떠들어야 하겠습니까'라고 외친다.

그러나 이광수가 자기가 저지른 대일 협력 행위의 죄책감에 시달리고 있었다는 것은 당연한 일이다. 5월 18일 그는 자신의 잘못을 뉘우치면서 자기를 어리석은 구더기로 형상화한 장시 「구데기와 개미」(56)를 쓴다. 부화(孵化)하기 위해서 수챗구멍에서 나온 구더기가 개미의 공격을 당한 뒤 잘못된 선택으로 두 번이나 개미집에 스스로 들어가서 만신창이가 되었다가 마지막에는 개미집으로 끌려들어가게 된다는 이야기다. 젊을 때부터 파리에 특별한 인연과 애정을 느껴 왔던 이광수는 여기서 자신을 어리석은 구더기에 비유했다. 두 번의 틀린 선택이 구체적으로 무엇을 의미하는지 그 해명은 앞으로의 과제다. 자기가 저지른 죄업으로 괴로워하는 이광수는 구제를 바라듯 불경시 「卽興(불경보문품[佛經普門品])」(31)이나 「法華經」(59)을 쓴다.

『내 노래 上』에는 이광수의 만년이라고도 할 수 있는 1949년에 그가 어떤 마음으로 살았는가가 여실하게 나타나 있다. 그것은 과거에 저지른 죄를 뉘우치고 소설을 통해서 독자들과 계속 호흡을 나누면서 대한민국이라는 새 국가 건설에 나름대로 이바지하고 싶다는 마음이었다.

해방 전후기 이광수의 내면 풍경

심원섭

본 자료집은 이광수가 1940년 전후에 쓴 것으로 추정되는 시첩『내 노래』수록 시고들과 해방 후 쓴 것으로 추정되는 시첩『내 노래 上』시고로 구성되어 있다. 이 육필 시고 자료들은, 추정되는 창작 시기와도 관련하여 내용이 판연히 다른 특징이 있다.

『내 노래』: 불교 시조 및 가사, 시국색의 문제

『내 노래』속의 다섯 작품은 모두 불교시나.「모르는 은혜」,「病든 乞人」은 수행과 관련된 개인적 체험을 노래한 서정시조이며, 나머지「福」,「門」,「淸淨行」은 대중 포교용 시조 및 가사다.

가령「福」은 탐욕에 기대어 살아가는 중생의 무지를 개탄하는 내용이며,「門」은 육바라밀을,「淸淨行」은 수행의 공덕을 소개한 내용이다. 세 편 모두 '중생'을 독자로 설정하고, 불교의 원리와 수행 방법을 시조와 가사라는 대중적 양식으로 소개했다는 공통점이 있다. 이십대부터 민족 계몽의 길을 걸어 온 이광수가 대일 협력 활동기에도 대중을 향해 불교 계몽 담론을 적극 발신하고 있었던 사실을 확인할 수 있다. 이 포교시 속에는 시국적 색채도 일부 포함되어 있다.

> 날즘생 궐버러지/ 모도 惡心떼니/ 현재 즉 極樂이라/ 이 아니 報國이냐/ 어허 깃븐지고/ 법고 둥둥 울려라/ 아니 족고 어이리

「淸淨行」의 마지막 부분이다. 불자들이 수행 끝에 얻는 이상적 경지가 현세 낙원의 건설, 보국 활동으로이어진다는 논리다. 수행과 시국 논리를 일체화시킨 이광수의 이 '호국' 불교론, 대일 협력 활동기의 이광수의 생애와 관련하여 눈여겨보아야 할 대목일 것이다.

『내 노래 上』: 해방기 이광수의 내면 풍경

총 61편이 수록되어 있는 『내 노래 上』 작품들의 내용은 다양하다. 소품 서정시, 해방기 현실을 비판하고 치유책을 제시한 시, 반민특위 체험과 관련된 심경 고백을 담은 시, 신앙시 등이 그것이다.

우선 소품 서정시로 분류할 수 있는 작품들은 9편 정도인데, 「피아노 소리」, 「高麗瓷器」, 「개피떡」, 「草翁」 등이 그것이다. 문학적 가치는 인정해 주기 어려운 것들인데, 이 점은 이광수 자신도 이미 공언했던 바 있다. 그가 서정시를 심경 고백의 수단으로서만 사용했던 점을 다시 확인할 수 있다.

지옥도와 종말의 세계: 해방기 한국 사회론

『내 노래 上』 수록 시고 중에서 가장 많은 편수를 차지하는 것은 해방 후 한국 사회에 대한 이광수의 비판과 그 치유책을 제시한 시편들이다. 「세상」, 「한 아궁이」, 「왜」, 「따끔령」, 「무서운 날」, 「자비를 잃은 마음」, 「和平」, 「셋재 싸옴」, 「진달레」, 「그 나무 왜 꺾나」, 「요새」, 「광경」, 「소원」, 「折枝」, 「두 마음」, 「사랑과 미움」, 「안락」, 「나라 타령」, 「정도령」, 「사랑」, 「解放」, 「왜들 싸우시오」, 「살기 좋은 세상」, 「支配者」, 「하나님」 등 약 30편의 작품이 이 부류에 속한다.

이광수의 눈에 비친 해방기 한국 사회는 서로 "쏘고 찌르고 목매어 죽"이는 (「왜」 1연) 살육의 현장, 현생에 재현된 열탕 지옥이다.

> 세계는 괴로움의 바다/ 부글부글 끓는다/ 검푸른 불길이 춤춘다/ 사람들은 익어서 데어서/ 아우성치고 몸비듬친다(「무서운 날」에서)

인간이 쌓아 온 죄를 모두 청산하기 위해 3차 세계대진(「셋재 싸옴」)이 일어날지도 모르며, 정도령이 구세주로 등장해야 할 상황(「정도령」)이기도 하다. 이광수는 종말론적 표상을 동원할 정도로 해방기 현실을 심각하게 보았다. 그 원인으로 이광수는 다음과 같은 점을 지적한다.

> 미움의 칼과 속임의 창과/ 원망의 독한 화살이 윙윙(「사랑」에서)

> 탐욕과 미움과 그리고 저 잘난 교만으로/ 혁명가 주의자 지도자라 뽐내는 무리(「支配者」에서)

이광수는 미움, 속임, 원망, 탐욕, 교만 등이 원인이라고 쓰고 있다. 이 용어들을 불가에서 쓰는 단어로 집약하면 탐진치(貪瞋痴), 즉 삼독(三毒)이다. 이광수가 한국 사회의 치료책으로 제시하는 것도 같은 맥락의 용어들이다.

> 주다가 사랑하다가 죽읍시다그려(「사랑과 미움」 3연)
>
> 그들이 자비에 돌아가는 날/ 아아 오직 그날에야 안락이 다시 올 거다(「안락」 3연)

이광수가 해방기의 지옥도를 치료하는 방법으로 제시한 것은 '자비'와 '사랑' 같은 윤리적인 용어들이다. 이런 경향은 이 시기 이광수가 어떤 방식으로 해방기 한국 사회를 대하고 있었는가를 잘 보여 준다. 그는 새 국가 건설을 위한 정치 및 경제 시스템의 문제, 각 정파 내지 지도자의 사상과 자질에 대한 판단 등등, 구체적인 현실 방책을 검토하고 판단하는 작업에는 관심이 적었던 것 같다. 그는 해방기의 지도자들, 그리고 한국 사회 전체를 통틀어 종말적인 세계로 진단했다. 그것을 치료하는 방법도 종교적 수행을 통한 개인 인성의 변화밖에 없다고 보았다.

'민족 반역자'의 내면 심경

『내 노래 上』 수록 작품 중 그다음으로 많은 것이, 당시 민족 반역자로 비난받고 있던 자신의 심경과 신변 체험을 읊은 작품들이다. 「無題」, 「사랑」, 「간수」, 「因果應報」, 「因果」, 「그 나무 왜 꺾나」, 「요새」, 「折枝」,

「의지」, 「나(1)」, 「나(2)」, 「안해의 설교」, 「서로」, 「무슨 원?」, 「구데기와 개미」 등 16~17편에 이르는 작품이 이에 해당하지 않을까 생각된다.

이광수는 생애 내내 대중과의 유대, 그리고 지도자로서의 정체감을 소중히 간직해 온 인물이다. 그랬던 만큼 그에게 찾아온 '민족 반역자' 혐의는 그의 전 존재를 뒤흔드는 심각한 사건이었음에 틀림이 없다. 본인의 심경을 적극적으로 토로한 작품이 이 시첩 속에 특히 많은 것은 그와 관련 있는 것으로 생각된다. 이 시기 그의 작품들은 그 위기 앞에 흔들리고 있었던 인간 이광수의 다양한 면모들을 보여 준다.

> 한 바탕 꿈일까/ 언제나 깨쳐버릴 꿈인지 몰라도/ 괴로워라 괴로워라(「요새」에서)

이광수가 자신을 엄습하고 있던 위기를 얼마나 고통스럽게 받아들이고 있었는가를 잘 보여 주는 작품이다. 생존해 있는 시간이 한 순간의 악몽이기를 바란다는 표현 속에 그 고통의 도가 잘 드러나 있다. 이 절박한 고통 감각은 이 부류의 작품들 속에 공통적으로 드러나고 있는 인자다. 다음은 세간의 비난에 대한 이광수의 반응으로 생각되는 작품예다.

> 나는 내멋대로 살 터이니/ 자네는 자네 멋대로 사소/ 내 자네를 안 건드릴 터이니/ 자네 왜 내게 개개러 드는가(「(살기 좋은 세상)」에서)

> 누가 자네를 뽑아 내 지배자를 삼았나/ 나는 자네더러 혁명가되라 청한 일 없네/ 비켜나게 자네집 문전에 눈이나 쓸게/ 남의 집 안방에

몬지 챙견은 말게(「支配者」에서)

이광수에 대한 세간의 비난은 개인 차원의 것이 아니라 식민지 시대 정신사의 청산과 관련된 민족 차원의 것이었다. 다른 많은 이들처럼 '죄인'의 자세를 취하며 대처하는 것이 가장 현명한 처세법이었을 것이다. 그러나 이광수는 달랐다. 그는 앞의 시에서처럼 자기 방어적 자세를 취하며 반발적인 태도를 노출하는 경우도 보여 주고 있었다. 이러한 면모는 동일한 상황에 처해 있던 다른 인사들에게서는 보기 힘든 이광수 특유의 것이기도 했다.

내 평생에 자비의 길을 질겨/ 남의게 주노라 했네 마는/ 내어민 내 손은 번번이 물렸네 채왔네/ 어쩝지 않았던 것일세/ 수째 가만이나 있을걸 그랬나(「나(2)」에서)

인과법의 기본은 선인이 선과를 낳고 악인이 악과를 낳는다는 공식에 있다. 이광수는 자신의 선한 의도가 악한 결과로 되돌아오는 경우가 많았다고 밝히고 있다. 이것을 중생의 발언이라 보면 모르겠거니와, 불교를 가르치는 '선생'의 발언이라고 보면 문제가 커진다. 자신의 인생에 관한 한 인과법이 정확하지 않았다고 불평하는 내용이기 때문이다. 이것이 불교 교사 역을 자칭해 왔던 이광수의 발언이었던 것이니, 그도 절박한 인생 위기 앞에서 수행자로서의 판단력이 뒤흔들리는 상태에 있었다고도 할 수 있을 것이다.

이 시기 이광수의 내면 풍경 중에서 연구자와 독자들의 집중적인 주목을 끌어 온 대목은 다음과 같은 대목일 것이다.

나는 愚者의 孝誠이라고도 저를 평해 보았습니다./ 그러나 나는 내가 할 일을 하여버렸습니다/ 내개는 아모 不平도 悔恨도 없습니다/ 나는 '민족을 위하여 살고 민족을 위하다가 죽은 이광수'가 되기에 부끄러움이 없습니다.(「因果」에서)

그 자신의 행동으로 실천된 객관적 행위로서의 대일 협력, 그것이 민족을 위한 의지적 행동이었다는 이광수의 주관적 신념, 이 두 가지 축의 논리가 선열하게 대결을 벌이는 대목이라고 할 수 있다. 이광수에게는 이렇게 민족의 심판을 받아들이면서도 자신의 정당성에 대한 신념이 변함없음을 분명히 밝히는 일종의 청년기적 기질이라 할 만한 것을 당시에도 갖고 있었다. 자신의 신념이 옳은 것이었다는 이광수의 생각은 이 시첩 곳곳에서 집착적인 형태로 발견된다.

두 번이나 제 뜻으로 들어가던 구멍에/ 이번에는 개미들에게 끌려서 들어갔다/ 처음 떠날 때에 구하던 보금자리/ 하늘에 날아오르려던 그의 큰 뜻은/ 어느제 어느생에 일리지랴는고/ 이아 개미구멍으로 끌려 들어간 그여.(「구데기와 개미」에서)

맺힌 봉오리는/ 피고야 마네/ 먹은 맘이길래(「折枝」에서)

"하늘에 날아오르려던 큰 뜻"이란 말은 그의 평생을 이끌어 온 높은 자기정체감을 그대로 반영하고 있는 대목이라 할 것이다. 그 '큰 뜻'이 꺾인 채 개미 소굴 속으로 끌려들어가 죽음을 맞는 구더기의 모습에서 이광수는 자신의 모습을 보았다. 그럼에도 자신의 신념을 기어코 실현

하겠다는 집념 역시도「折枝」에 잘 드러나 있다. 민족 반역자로 지탄 대상이 되어 있던 당시의 이광수의 내면 세계는 훨씬 역동적인 것이었다고 보아도 좋을 것이다.

반면 이광수는 동일한 상황 속에서 '민족의 교사'로서의 자신, 대중을 가르쳐 온 수행자로서의 정체감을 의젓하게 회복한 경우도 작품으로 보여 주고 있었다.

> 나라 있길래로 죄 주는 법도 있다/ 이런 법 열 있어도 내 나라만 좋았과저(「無題」에서)

이광수의 초자아가 잘 드러나 있는 예다. 민족의 심판을 기쁘게 받아들이는 이 면모는, 이광수가 민족의 교사라는 과거의 정체감을 멋지게 회복했던 순간도 당시 있었음을 보여 준다. 수행자로서의 이상적인 면모를 보여 주고 있는 작품도 있다.

> 진 빚은 갚아야 한다/ 갚을 날자는 못 물린다(「因果應報」에서)

「나(2)」에서는 불타의 가르침인 인과법에 불만을 토로했던 이광수다. 그가 여기에서는 자신의 고통 역시도 우주의 법칙인 인과의 한 과정에 불과한 것임을 의젓이 토로하고 있다. 자신이 겪고 있는 고통을 객관적 거리를 두고 응시하는 이광수의 수행자다운 면모가 살아 있는 작품이라고 할 수 있을 것이다. 이렇게 극단적으로 상반된 세계가 공존하고 있는 것이 당시 이광수의 내면이었다.

신앙시의 세계

『내 노래 上』 속에도 불교시가 수 편 있다. 앞의 작품들과 다소 겹치는 면모도 있지만, 「기러기」, 「因果應報」, 「因果」, 「임」, 「임이름」, 「의지」, 「무슨 원?」, 「마음」, 「저 해를 바라보니」, 「法華經」, 「하나님」 등 10여 편의 작품이 그것이다. 이 중에는 「마음」, 「저 해를 바라보니」와 같은 대중 포교용 시편도 있으나, 역시 주종을 이루는 것은 이광수 개인의 절박한 심정이 느껴지는 기도시 종류들이다. 일찍부터 법화경 독송(讀誦)을 즐겼던 이광수는 관세음보살을 염하는 작품을 수 편 남겼다.

> 임이름 한번 부르면 천겁의 죄/ 슬어진다고 세존이 가르치시니/ 목을 놓아서 임이름 부릅니다/ 나무관세음보살 마하살(「임」에서)

> 임은 멀으셔라/ 내 소리 들리나이까/ 합장하고 눈물에 젖은/ 내 모양 보시나이까// 種種諸惡趣 無刹不現身/ 부르면 오시마 한 약속만 믿고/ 임이름 부르나이다(「임이름」에서)

관세음보살보문품은 자비의 화신 관세음보살의 위력에 대한 불타의 힘찬 설명이 이어지는 경이다. 이름을 부르고 생각하고 공경하는 것만으로도 나투어 내려온 관세음보살의 가피를 입을 수 있다는 관세음보살보문품은 특히 절박한 문제로 고민하는 대중의 사랑을 받아 온 경이기도 하다. 이광수는 원래 중생에게 불교를 가르치는 입장에 익숙해 있는 인물이다. 그의 인생 최대의 위기, 그리고 신병, 그 속에서 이광수는 절박한 모습으로 관세음보살의 가피를 간구하는 '중생 이광수'의 모습을 시 속에 남겼다.

이광수는 대중을 계몽하기 위한 내용은 소설로, 개인의 심경 고백은 일기 내지 시로, 이런 방식으로 장르를 운용해 온 작가다. 특히 본 자료집은 이광수가 직접 써서 시첩 형태로 보관하고 있었다는 점에서 그가 이 작품들에 집중적인 관심과 애착을 갖고 있었을 가능성도 보여 주고 있다. 서로 상충되는 내용들까지도 공존하고 있는 작품들, 그리고 선명한 자필 수정 흔적들은 인생 최대의 위기에 봉착해 있었던 인간 이광수의 적나라한 내적 갈등과 모색 과정이 그대로 노출되어 있는 소중한 자료들이라고 생각된다. 이 자료집의 출간을 계기로 이 시기의 이광수에 대한 보다 섬세한 연구 분위기가 형성될 수 있기를 기대해 본다.

시와 해설

일러두기

1. 이광수 본인이 아니라 삼중당 전집 편집자가 붙이고 연필로 기재한 제목은 ( )로 묶었다.
2. 원문의 일본 한사 "褔"을 "福"으로 표기한 이외에는 모두 원문 그대로 표기했다. 띄어쓰기는 현대 표기로 고쳤다.
3. 구두점(。、.)은 원문에 따랐다.
4. ‘>’, ‘〈’는 반복 부호로서 원문 그대로 표기했다.
5. 명백한 오기라도 원문 그대로 표기했다.
6. 해설 서두에는 해제에 실린 〈표 1〉과 〈표 2〉의 번호를 붙였다. 예를 들어 〈표 1〉의 1은 〈표 1-1〉, 〈표 1〉의 2는 〈표 1-2〉, 〈표 2〉의 1은 〈표 2-1〉, 〈표 2〉의 2는 〈표 2-2〉로 표기했다.
7. 원문에 부기되어 있던 ‘時調’, ‘◎’, ‘×’ 같은 글자나 부호는 해설에 기재해 넣었다.

내 노래

모르는 은혜

어려움 당하와서 어이할 줄 모르올 제
좋은 이 보내시와 편안하게 하시오니
이 몸이 무엇이기로 이대 괘념하시니까

〈표 1-1〉 '時調' '◎'

『전집 19』에 '시조'로 수록되어 있다.

福

福이 貪慾으로 얻을 것이라 하오면
世上에 貧窮한 이 있을 理가 없을 것이
布施야 富貴의 因임을 알고 보면 알리라

貪慾의 一生에도 어찌다가 善業 지어
저도 잊은 善業으로 온 果報를 모르고서
富貴를 제 貪慾으로 얻음인 줄 알러라

今生 貧窮이 前生貪慾 應報임을
알기 곧 알 량이면 戰慄할 만하올 것이
來生의 무서운 貧窮을 찾아 衆生 가더라

〈표 1-2〉 '時調' '◎'
『전집 19』에 '시조'로 수록되어 있다. "福"은 원문에는 일본 한자 "福"으로 쓰여 있다

病든 乞人

門前에 온 病든 乞人 돈을 주어 쫓고 나니
내 집에 못 들여도 入院이나 시킬 것을
제 모양 지질치 못함을 못내 慚愧하니라

다음 날 또 왔기로 病院으로 다리고 가
診察하고 藥을 주고 열흘 묵을 돈을 주어
보내고 돌아오는 길이 개완치도 않아라

추운데 온 病人을 우선 집에 들일 것을
襤褸에 떠는 몸에 옷 한 불을 입힐 것을
옷깃에 끄는 이 보고 가까움을 꺼리니라

二月 五日、어떤 젊은 勞動者 같은 病든 사람이 내 집을 찾아 살려 달라 하기로、그의 이름은 診察時에 아니、金丙基。全南人。食滯로 온 黃疸。入院할 것은 없다고。술을 먹어서 分錢 없이 되었노라고、제가 개 같은 子息이라고 盟誓하였다。和光醫院으로 보내다。

〈표 1-3〉 '時調' '◎'
『전집 19』에 '시조'로 수록되어 있다. 2월 5일에 집에 온 병든 걸인을 '화광의원'으로 보낸 이야기인데, 해방 후 2월 5일 이광수가 집에서 그런 경험을 할 수 있는 상황이 아니었으므로 해방 전에 썼을 가능성이 높다고 생각한다.

(門)

山河大地와 死生苦樂이
내 마음의 造作이라
콩 심거 콩이 되고
팟 심거 팟 거두니
業報의 끄는 힘이
황소보다 더 세어라

눈 깜박하는 결에
마음에 니는 생각
앗불사 千萬劫의
苦樂의 씨가 되니
어허 두려운지고
제 ᄆᆞ음 곱비를 단단히 잡앗서라
釋迦佛 아니시면
이 리치 어이 알리
永劫의 難行苦行
우리네 爲하심이
若空無常 가여운 몸
常樂我淨 하는 法을
叮寧히 說하시니

八萬四千法門이라
이 門 따라 들어가면
百無一失 度彼岸을
어허 고마운지고
佛菩薩의 넓고 크신 恩惠로다
하물며 阿彌陀佛
無量한 大願力은
三界 모든 衆生
하나도 아니 빼고
極樂淨土에
往生케 하심이니
南無阿彌陀佛
六字名號 부르는 이
現世安穩 後生極樂
丁寧코 의심 업네
이 門이 무슨 門고
念佛淨土 門이로다
八萬大藏經이
모도 다 佛法이라
어느 經 하나라도
受持讀誦 하는 衆生
반다시 惡趣 떠나
佛地에 드러가네
一念隨喜 하는 功德

萬劫積惡 깨트리고
四句偈를 밋는 信力
그만으로 大法師라
經卷 잇는 곳이
부처님 계신데요
經을 읽는 衆生
諸佛의 使者로다
정렬이 업슬진댄
佛法 어듸 머므르며
男僧女僧 아니런들
뉘잇서 法 傳하리
그러매로 절을 짓고
聖衆供養 하엿스라

이웃에 가난한 이
지나가는 불상한 이
헐벗고 배고픈 이
옷과 밥을 주엇스라
알는 이 구완하고
약한 이 도와주고
남을 위해 하는 일이
모다 布施行이니라
財物이 업슬진댄
몸조차 업슬것가

이 몸 타고난 것
道 닥자는 本願이니
道 위해 쓰고 버림
眞正 所願 이 아닌가
國城妻子 업슬진댄
頭目身體 布施하라
身命을 주올진댄
더 큰 布施 잇슬소냐
勿殺盜淫 하는 일을
敎戒라 일러 잇고
남 미워 아니함은
忍辱이라 불럿스며
正業正命 勤行함을
精進이라 하시옵고
이 마음 굿게 잡아
雜念妄想 나 뻬이고
秋天一碧靜無雲
無礙三昧 닥는 길을
禪定이라 하거니와
무도가 摩訶般若
波羅蜜의 길이로다
萬行 어느 것이
六度 아님 잇스리만
제 힘 밋는 行을

힘 다하여 하엿스라
八萬四千法門
어느 門은 門 아니리
信心 굿게 가는 衆生
究竟成佛 하오리라

〈표 1-4〉 '◎'
'時調'라고 적혀 있지 않은데 『전집 19』에 '시조'로 수록되어 있다. 8페이지에 달하는 장시다. '門'이라는 제목은 편집자가 붙인 것으로 연필로 기재되어 있다.

(清淨行)

어버이 크신 恩惠
모르는 이 잇스리만
스승의 노픈 恩惠
아는 이 그 뉘런고
부처님이 本師시오
菩薩님네 大師시라
한 가지를 배왓서도
스승은 스승이다
나리님 아니시면
佛法인들 어이 서리
그러매로 君師父는
一體라 일럿도다
임금께 忠誠할 제
목숨인들 앗길소냐
어버이께 孝道할 제
修道박게 또 잇는가
아들딸이 싸흔 功德
多生父母 濟度하네
먹고 입고 쓸 것이
모도 衆生 수고로다

입에 드는 밥 한 알을
절하고 먹엇스라
四重恩 못 갑흐면
極樂을 바랄소냐
君師父衆生恩을
須臾나 이즐서라
한숨 두 숨 쉬는 숨이
報恩感謝 盟誓로다
聖人은 그 누구며
凡夫는 그 누구냐
有情無情이
皆有佛性이라
한 마음을 나툰 衆生
佛 아닌 이 어듸 잇나
迷할 제 凡夫러니
깨다르면 聖人이라
地獄天堂이
내 마음의 지은 배라
三毒五慾 벗어나서
無上菩提 닥글진댄
死生輪廻 끈헛거니
惡途를 두릴소냐
世上에 薄福한 이
누구 두고 이름인가

佛法을 못 듯는 이
그를 두고 니름이라
多生惡業障이 되니
耳目을 가리우니
佛法 속에 살면서도
못 보고 못 듯나다
業障을 더는 법이
禮佛懺悔 고작이라
律儀善法 春風되어
業障어름 녹이더라
柒桶가튼 무근 業障
一旦에 터지는 날
光明日月 너른 法界
自由自在 내로고나

佛道를 닥는 사람
무엇으로 알 것인고
그 얼굴에 빗이 나고
몸에서는 香내 나네
마듸마듸 깃븜 주고
거름거름 곳을 피네
慈悲心을 품엇스니
노염 미움 잇슬소냐
淸淨行을 닥갓스니

거즛을 끈헛세라
五慾煩惱 滅한 사람
諸天도 恭敬커든
요마한 惡鬼무리
거들떠 보올 것가
誦經念佛하는 衆生
善神이 擁護하니
물에 들어 안 빠지고
불에도 아니 탄다
한 衆生의 初發心에
法界가 震動하고
隱密한 적은 行도
天地에 적히도다。

佛法을 닥는 집이
그 모양이 엇더한고
지아비는 지아비 길
지어미는 지어미 길
아들딸은 각각 제 길
저금 닥고 서로 닥가
和樂도 한 저이고
天神地神 도으시고
諸佛菩薩 지키시니
子孫昌盛하고

萬事亨通 하오리라

佛法을 닦는 나라
그 모양이 어떠한고
백성은 다 忠臣이오
아들딸은 孝子로다
惡鬼가 물러가고
善神이 모여드니
雨順風調하고
國泰平民安樂에
同業을 吸引하야
善을 닦근 衆生들이
이 나라에 願生하니
諸上善人이
俱會一處라
山河大地도
얼굴을 変하고
날즘생 길버러지
모도 惡心 떼니
現世 卽 極樂이라.
이 아니 報國이냐.

어허 깃븐지고
지화자 조흘시고

法鼓 둥둥 울려라
아니 족고 어이리

〈표 1-5〉 '◎'

'時調'라고 적혀 있지 않은데 『전집 19』에 '시조'로 수록되어 있다. 9페이지에 달하는 장시다. 이 제목은 편집자가 붙인 것으로 연필로 기재되어 있다. 『전집 19』에는 오자가 있고 행의 순서가 뒤바뀐 부분도 있다.

내 노래 上

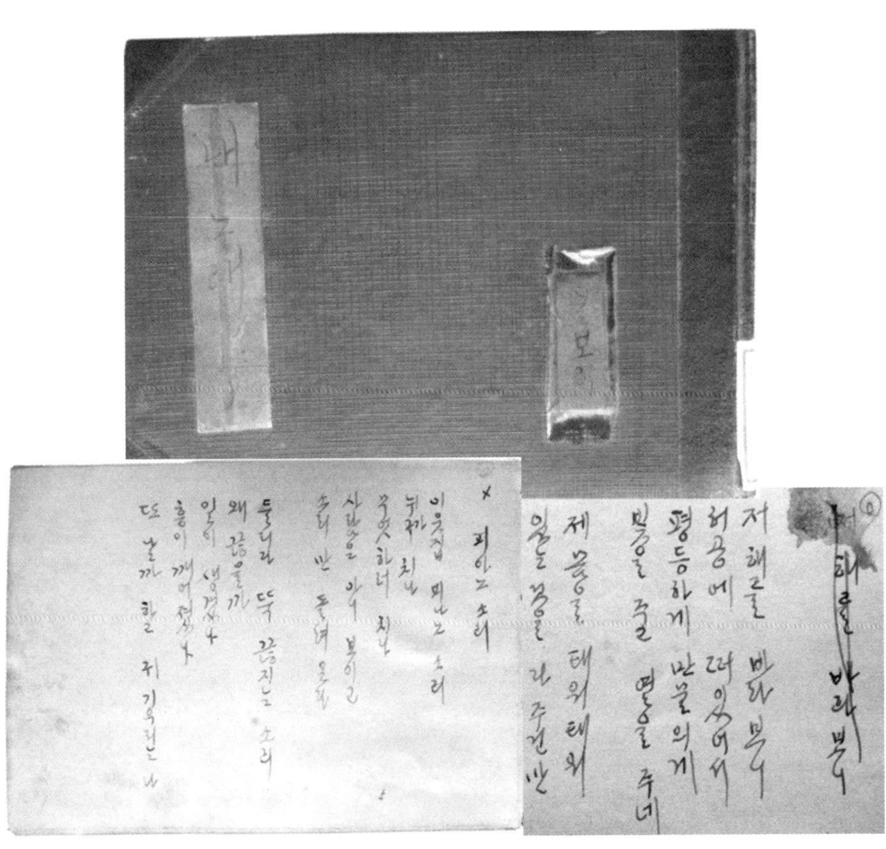

해를 바라보니
저 해를 바라보니
허공에 걸려 있어서
평등하게 만물에게
빛을 줄 뿐을 주네
제 몸을 태워 태워
피아노 소리
이웃집 피아노 소리
누가 치나
무엇하러 치나
사람을 아니 부르고
소리만 들려 오다
왜 끊을까
일이 생겼나
흥이 깨어졌나

피아노 소리

이웃집 피나노 소리
뉘가 치나
무엇하러 치나
사람은 아니 보이고
소리만 들려온다

들리다 뚝 끊지는 소리
왜 끊을까
일이 생갰나
흥이 깨어졌나
또 날까 하고 귀기우리는 나

〈표 2-1〉 '◎' '×'
『전집 19』에 수록되어 있다. "피나노"와 "생갰나"는 원문 그대로 표기했다.

기츰

기츰은 왜 나나
잠들만 하면 나는 기츰
겨울 깊은 밤에
야속히도 괴롭히는 기츰

이불을 두르고 앉아도
추위는 수며드는데
새벽 고요한 어둠 속에
혼자 기츰을 깇고 앉았는 나

가슴은 답답하고
몸은 고달프고
기츰으로 밤을 새오는 나
기츰은 왜 나나

〈표 2-2〉
『시집 사랑』과 『전집 15』에 수록되어 있다. 이광수는 고혈압 때문에 서대문 형무소에서 병보석으로 석방되어 집에 돌아오자마자 병상에 누웠다.

세상

세상도 소란도 하다
신문만 떠들면 가슴 울렁
오늘은 또 몇이나 총을 맞았나
오늘은 또 몇이나 포승을 졌나

세상도 소란도 하고나
반가운 소리 들은 지도 오래고
기쁜 날 볼 날도 아득하다
새날은 하나씩 새 걱정을 날라온다

입춘이 지나 추운 겨울이 가고
따뜻한 양춘이 돌아오듯이
미움과 아우성의 소란한 세상에
사랑과 화평의 좋은 날도 오랴나

〈표 2-3〉'◎'
『전집 19』에 수록되어 있다.

한 아궁이

한 아궁이만 더 지피면 찬 김은 가시리、
한 아궁이만 더 지피면 얼지는 않을 것을
아아 춥기도 추운지고 이 나리여
사랑의 한 아궁이를 더 아니 지피려나

물마른 데 고기들은 서로 축인단다
추운 데 즘생들도 서로 녹힌단다
차고 마른 이때、이 나라의 겨래도
사랑의 입김으로 사랑의 눈물로 서로 녹히고 서로 축이지 아니 하랴나

여보소들 사랑을 조곰만 더 늘이소
여보소들 따지기를 조곰만 더 줄이소
합해서 되는 것 있어도
따져서 나오는 것 없다오

가만히 호호 불면 다슴 입김도
왈카락 훅훅 불면 찬 입김이요
같은 입 놀려 듣기 좋은 말하지
힘들여 따리는 손은 힘 빼면 만지는 손 된다

사랑의 한 아궁이 불만 더 지핍시다
사랑의 한 보지락 비만 더 뿌립시다
더도 말고 한 아궁이만
더도 말고 한 보지락만

〈표 2-4〉 '◎' 'α'
『전집 19』에 수록되어 있다.

왜

사람이 왜 사람을 죽일까
먹지도 못하는 것을
가만 두어도 죽을 것을
왜 쏘고 찌르고 목매어 죽일까

개 개끼리도 안 죽이는데

사람이 왜 남 싫은 소리를 할까
욕하고 숭보고 이간 부칠까
같은 값이면 듣기 좋은 말로
얼마 못 살 세상을 기쁘게 왜 못할까

말 못하는 즘승이 부러워라

사람이 왜 서로 미워할까
미워하는 사람은 못 자고
미움 받는 사람은 자는 것을
미워하는 자는 미움을 받을 것을

젖먹이들은 안 그러던데

사람이 왜 욕심을 부릴까
욕심으로 잘산다면
세상에 못사는 이 없을 것을
욕심일래 배탈 나고 욕먹는 것을

남 주는 자가 부자된다는 것을

〈표 2-5〉
『시집 사랑』과『전집 15』에 수록되어 있다. "개끼리도"라고 쓰려다가 "개 개끼리도"로 고쳤다.

따끔령

도적 보고 즞지 않는 개
쥐 보고 잡지 못하는 고양이
게다가 주전부리하면
먹여 둘 주인 있던가

나라 권세로 제 권세 삼고
나라밥 먹고 제 일 하는 자
게다가 협잡까지 하면
먹여 둘 백성 있던가

개장수 올개미 가지고 와서
우리 도적개 도적괭이 옭아 가소
신명님 호차리 드시와
우리 탐관님 오리님 따끔녕 내려줍쇼

〈표 2-6〉 '◎'
『전집 19』에 수록되어 있다. 원래 '쓸데 없는 것'이었던 제목을 지우고 '따끔령'으로 바꿨다.

사랑

「도련님、당신은 왜 나를 사랑하시오?」

「이뻐서요、귀여워서요」

「무엇이? 어듸가?」

「무엇인지 몰라도、어듼지 몰라도。 눈도 코도 귀도、그 중에도 입 모습이。」

「그것만? 또 없어요?」

「어깨도 손도 발도、몸매도、머리 모양도、입으신 옷도、아가씨 것이면 모도 다 입브고 귀여워요。말소리 걸음거리、웃는 것 찡기는 것、아씨가 하신 것이면 무에나 다」

「무얼、거즛말이시지?」

「아니오! 거즛말일 리가 있어요? 무슨 맹세라도 하지요。나는 아가씨를 사랑합니다。 세상에 그 이상 더 사랑할 수 없는 사랑으로。」

「정말이셔요? 아이 고마우셔라、기뻐라。도련님 말슴을 고대로 믿어도 좋아요?」

「그럼요。꼭 믿어 주셔요。그런데 아가씨는? 아가씨는 왜 나를 사랑하셔요?」

「나도。도련님이 씩씩하시고 믿엄직하시고—마음에 꼭 들어서」

「내가 어듸가?」

「눈이랑 코랑 입이랑。뚫어진 바지도、때묻은 저고리도、너털거리는 구두까지도、도련님 것이면 무엇이나 다 정답고、마음에 들고」

「아가씨、그게 정말이오?」

「그럼요。저 어떤 맹세라도 하겠어요。제 말을 꼭 믿어 주셔요、네、도련님。」

「아가씨、고마우셔라 기뻐라。아가씨와 이렇게 함께 있으면 세상이 환하고 훈훈하고 어디선지 모르게 향긔가 돌아오는 것 같아요。이것이 행복이란 것이겠지오?」

「나도。도련님 나도 그래요。도련님이 곁에 계시면 어머님 품에 안긴 어린 아기와 같이 편안하고 도모지 무서운 것이 없고 그저그저 기쁘기만 해요。이것이 사랑이란 것이지오?」

「그래요、늘 아가씨 곁에 있고 싶고 아가씨를 바라보고 싶고 아가씨 목소리를 듣고 싶고 아가씨를 만져 보고 싶고、언제까지나 아가씨를 떠나지 말고 싶고—그러면서 아가씨는 자꾸만 내게서 떠나서 다라나는 것만 같고、하로만 못 보면 영영 아가씨를 잃어버릴 것만 같고—아가씨는 어떠셔요?」

「나도 꼭 그래요、도련님。눈만 감았다 떠도 당신께서 그동안에 슬어져버리고 말 것만 같아요、거、웨 그럴까요、당신님이 넘어나 아까와서 소중해서 그렇지오? 일순간도 떠날 수 없는 소중하고도 소중한 어른이시니깐」

「그렇게도 날 소중하게 아셔요、아가씨?」

「그럼요。도련님은 제게는 이 세상 제일 소중하신 어른、아모데도 비길 수 없이 소중한 어른이셔요。저는? 저는 어떻게 생각하셔요、도련님?」

「나도 그렇게 생각하지오、아아씨는 하늘에도 땅에도 아모데도 비길 수 없는 소중하디 소중한 양반이지오。그러니까 사랑이지오。그러나 아가씨 이 사랑이 얼마나 오래 갈까? 아가씨、당신의 사랑은 얼마나 오래 가리라고 생각하셔요?」

「아이 도련님도、그게 무슨 말슴야요。 제 사랑이야 한 생전 가죠、죽을 때까지。 죽은 뒤엣 일은 모르지마는。 도련님의 사랑은 안 그래요? 얼마 안 가서 변할 것 같아요? 아이 그러면 나는 어찌하나?」

「아가씨、울기는 왜 우셔요?」

「도련님 사랑이 변한다면 어떻게 해요? 그러면 저는 죽을 테야요。」

「내 사랑이 변하고 싶을 리야 있겠어요。 영원히、영원히 안 변하고 싶지오。」

「그러면 왜? 왜 그런 숭한 소리를 하셔요?」

「세상을 보니까 안 죽는 사람 없듯이 안 변하는 사랑도 없드군요。 더웠 것은 식을 때가 있고 젊었던 것은 늙을 때가 있고。 그러니 아가씨의 젊고 뜨거운 사랑도 늙고 식을 날이 있을 것 같단 말야요。 청춘이 인생의 봄이듯이 사랑은 청춘이 꽃이 아니겠어요? 꽃이라면 빛이나 향긔나 활자 패기는 잠깐이지、이울고 질 날이 있을 거 아냐요? 그러니까 걱정이 된단 말야요」

「이냐요、이냐요、아나요。 남이 어떻든지 내 사랑만은 영원야요。 내 사랑이 꽃이라면 이울지도 않고 지지도 않는 꽃야요。 도련님、당신의 사랑도 그렇다고 하셔요、네、그렇다고 말슴하셔요。」

「내가 사랑하는 아가씨께 어떻게 거즛말을 하겠어요? 그렇지만 사랑이 이울기도 지기도 하길래로 도로혀 귀한 것이 아닐까요。 꽃이 만일 밤낮 언제까지나 꽃대로 있다면 그것은 괴물이겠지오。 돌로 깎아서 만든 죽은 꽃이거나。 빛도 잠깐 향긔도 잠깐이니까 귀한 것이지오」

「난 싫어요、난 싫어요。 그런 사랑은 난 싫어요。 내가 원하는 사랑은 언제까지나 언제까지나 영영 변치 않는 사랑이야요。 이울지도 지지도 않는 사랑 말슴야요. 도련님 안 그래요?」

「꽃이 이울고 져야 열매가 맺지 않아요? 아들도 낳고 딸도 낳고. 그때에는 아가씨와 도련님과의 불타는 사랑의 꽃은 지고 안해와 남편의 사랑, 어머니와 아버지의 사랑의 잎이 피거든요. 잎은 가을에 서리가 와서 열매들이 다 익을 때까지 이울지도 않고 지지도 않거든요. 아가씨와 도련님의 사랑이 언제까지 계속된다면 그런 청승이 어듸 있어요? 그런 흉물은 어듸 있어요?」

「그럴까, 지금 내 가슴에 타오르는 이 사랑은 고대 이울고 질 꽃일까? 그러면 웨 이렇게도 안타까울까?」

「나를 찾노라고. 아가씨의 안타까움은 나를 찾노라고. 내 안타까움은 아가씨를 찾노라고. 」

「네가 엄마 될 때가 되었다 하는 자연의 명령일까요?」

「네가 아빠 될 때가 되었다 하는 하나님의 명령이지오. 」

「짝을 찾는 안타까움, 짝을 만난 부끄러움이고요. 」

「짝을 찾아 만나는 기쁨. 정말 그가 내 짝인가 하는 불안도 있지오」

「사랑이 나를 속이는 때도 있지오?」

「어떻게?」

「사랑해서는 안 될 사람을 사랑하는 수도 있지 않아요? 그래서 많은 비극이 일어나지 않아요. 그러니깐 사랑은 소경이라고 그러지오?」

「그러니까 급히 하지 말아야지오. 이리 살피고 저리 살피고 골르고 골라야지오. 사랑으로 속이는 사내도 있으니까요. 사랑의 연극 배우가 되는 사내도 있으니까요. 아마 여자 중에도 그런 이가 있을 거야요. 그러니까 사랑으로 속이지도 말고 사랑에 속지도 말아야지요. 문을 두드린다고 밤문을 곧 열어서는 안 되지오. 누구냐, 어듸서 왔으며 무슨 일로 왔느냐 잘 물어 보고、 그 음성으로도 악의가 있나 없나 판단하고 문구멍으로라도 내다 보아서 어떤 생김생김、 어떤 차림차림인가、 손에 무엇을 들었는가 자세자세 알아본 연후에야 문을 열어 줄 것 아냐요? 나헌테 무엇을 구하러 왔느냐고 물어서 돈을 보고 왔다면 은행으로 가라고 일르고 어여쁜 얼굴을 탐해서 왔노라면 인형 가가에 가라고 일르고 글재조를 탐해서 왔노라면 문사를 찾아가라고 노래 잘하는 것을 사모해 왔노라면 레코드 가개에 가라고 일르고 가문이 좋아서 왔노라면 귀족 집으로 보내고……」

「그럼、 무엇을 탐해서 왔노라면 문을 열어 줄까요? 덕을 사모해서 왔노라면 열어 줄까요?」

「아니오。 덕을 사모해서 왔노라면 절이나 예배당으로 가라고 그러지요。」

「그러면、 아가씨의 행복을 위하야 내 몸을 바치랴고 왔습니다、 이렇게 말하면 문을 열어 주어요?」

「아니오。 그렇게 자선심이 있거든 나같이 멀정한 사람헌테 오지 말고 양노원이나 고아원이나 병신거지헌테 가 보라고 그러지오。」

「그럼、 내가 아가씨가 그리워서 죽겠어서 왔노라고 하면?」

「에끼、 못난 자식! 하고 그 상바닥에 가래춤을 탁 뱉아 보셔요。 그래도 추군추군 졸르거든 집에 불러드려서 마당이나 쓸리고 빨래나 시키고 그리고 아가씨 자시던 식은 밥이나 한 덩어리 주어서 먹여 보내셔요。 만일 빨아 입지도 못하게 된 여자 옷이 있거든 한 벌 주어 보내셔도 좋고요。」

「호호호호、 하하하하。 그럼 도련님께 제가 한 번 그렇게 해 보아요?」

「그러시지오。 못난 사내는 사랑을 아니 하는 것이 좋읍니다。 그런 사내는 혼자 늙어 죽어야 되거든요. 세상에 못난이 씨를 아니 남기도록.」

「그럼 아가씨들은 어떤 도련님을 사랑해야 되어요? 어떤 사내가 문을 두드릴 때에 열어 주어야 해요?」

「아가씨는 이런 사내를 사랑하시오. 아가씨, 내 보니 아가씨가 내 마음에 드오. 아가씨 같으면 좋은 아들과 딸을 낳아 길르고 가라치고, 또 세상 물을 흐리지는 아니할 것 같소. 만일 아가씨가 보시기에 내가 좋은 아들딸의 아비가 될 만하거든 나와 부부가 됩시다, 이렇게 오는 사내를 사랑하시오.」

「그럼 아들딸 낳는 것만이 사랑의 목적인가요, 내?」

「그럼, 무엇이 목적이오?」

「사랑 자체에 가치가 있지 않아요? 사랑의 숲속에 행복의 푸른 새가 살지 않아요. 남편과 안해의 사랑, 그 얼마나 행복된 것이야요?」

「도련님 아가씨의 사랑, 남편과 안해의 사랑—행복이지오, 꽃이지오. 그러나 꽃은 열매 맺으랴고 피는 것. 열매 못 맺는 꽃은 무엇에 씁니까. 저마다 저보다 더 좋은 아들딸을 낳아서 영원한 이상, 고작 높은 이상을 실현하는 것이 사랑의 목적이 아닙니까. 내 일생에 못 맞흐는 하늘 나라 역사를 아들딸들의게 넘겨 맡기고 가는 것이 우리 인생이 아닙니까. 사랑의 기쁨은 이 역사를 위해서 선금을 받은 보수가 아닙니까. 삭만 받고 일은 아니 하는 계집이나 사내는 큰 죄인이 아닙니까. 좋은 아들딸을 낳을 수 있는 튼튼한 몸과 굳은 뜻과 밝은 슬긔를 가진 자만에게 사랑의 잔을 마실 권리가 있지 않습니까.」

「내 비록 미거하나 임의 짝이 되오리다
두 몸이 한 몸 되어 되옵시다 어미아비

아들딸 잘 길러놓고 저 나라로 가옵시다.

「임은 잊으신가 생각하면 아시리다
세세생생에 임과 나와가 밧되어
성현을 낳아지이다 굳게 맺은 큰 맹세를

「매양에 이 맘속에 그리는 이 있더이다
뉘신고 몰랐더니 임이 바로 그이샷다
오늘에 찾아 만나니 옛 모습을 알괘라」

「줄 우에 앉은 제비 지아비요 지어미라
집도 다 지었으니 알 낳은들 어떠하리
앞에 올 비와 바람을 두려할 줄 있으랴」

八二、五、二八、 白岳山下

〈표 2-7〉
『시집 사랑』과 『전집 15』에 수록되어 있다. 서로 사랑하는 젊은 남녀의 대화를 시로 만든 16페이지에 달하는 장시다. 말미에 "八二. 五. 二八 白岳山下"라는 창작 날짜와 장소가 명시되어 있는데 '八二'는 단기 4282년, '白岳山下'는 당시 이광수가 살고 있던 효자동을 가리키므로 이 시는 1949년 5월 28일 효자동에서 쓴 것임을 알 수 있다. 날짜가 적혀 있는 시는 이것이 처음이지만, 해제에 쓴 바와 같이 5월 28일은 이 시첩에 기재되어 있는 날짜 중 가장 늦다. 이 시가 적혀 있는 페이지의 이음매가 테이프로 붙여져 있는 점과, 왼쪽 페이지의 앞머리에 순서를 표시한 것 같은 숫자가 기재되어 있는 점으로 보아 제본할 때 배열을 바꿨을 가능성이 있다. 이 시에는 색깔이 다른 두 종류의 만년필로 수정한 흔적이 있다.

高麗磁器

실버들
내가에 축ㅅ 느러져
흐느적 나비끼는
실버들

두룸이
붉은 이마 감장 치마
쌍쌍이 너훌거리는
두룸이

〈표 2-8〉 '◎'
『전집 19』에 수록되어 있다.

개피떡

봄철이 되면 개피떡
반달 같은 개피떡
볼록한 개피떡
둘 붙여서 둗붙이
셋 붙여서 셋붙이
송기는 불그스름
쑥빛은 포로스름
기름 발라 개피떡

어름 같은 어백미
물 길어다 당가서
떡방아군이 찌어서
마나님이 김 올려
뒷방 큰아씨
건넌방 새아씨
열 손가락이 빚어서
두 입설이 불어서
기름 발라 개피떡

〈표 2-9〉 '◎'
『전집 19』에 수록되어 있다.

무서운 날

과연 세계는 괴로움 바다
부글부글 끓는다
검푸른 불길이 춤춘다
사람들은 익어서 데어서
아우성치고 몸비듬친다
참아 볼 수 없는 정경

배들은 총과 칼을 싣고
숨이 차서 헤염을 친다
사람들은 목을 느리고 손을 내밀어
한시 바삐 총칼이 오기를 기다린다
어서 죽이고 싶은 것이다
미운 놈을、 반대당을

들으라 저 우루릉하는 소리
저 부살 같이 날아가는 무리
그것은 정찰긔요 전투긔요 폭격긔다
배에 가득 죽음의 폭탄을 싣고
미운 나라를 부시러 가는 것이다
차별 없이 막 죽이러 떠난 길이다

수없는 젊은 사람들은
과년한 아가씨들까지
교실을 버리고 일터를 버리고
사랑도 시집 장가도 다 버리고
부시어라 막 부시어라
죽여라 막 죽어라하고 달린다

〈표 2-10〉 '◎'
『전집 19』에 수록되어 있다.

(無題)

나라 있길래로 죄 주는 법도 있다
이런 법 열 있어도 내 나라만 좋았과져
임일래 지은 죄이매 대견하다 합니다.

〈표 2-11〉 '◎'
'時調'라고 적혀 있지 않은데 『전집 19』에 '시조'로 수록되어 있다. '無題'라는 제목은 편집자가 붙인 것으로 연필로 기재되어 있다.

사랑

감방에 모인 죄인들
사랑도 극진하다
적은 것도 노나 먹고
서로 두호하네

거 웨 그럴까?
훔치고 속이고 죽이던 자들이
거 웨 그럴까
그 사랑이 어듸서 날까

욕심을 떠났음일세
욕심 떠난 마음에는
사랑밖에 없어라
욕심 떠난 중생은 신이러라

〈표 2-12〉
『시집 사랑』과 『전집 15』에 수록되어 있다. 서대문형무소의 체험을 소재로 한 시다. 이 시에는 날짜는 없는데 『시집 사랑』과 『전집』에는 "四八二八、二、서대문형무소 감방에서"로 기재되어 있다. 이광수가 옮겨 쓸 때 가필한 것으로 추측된다.

간수

정복 입고 무서운 얼굴로
소리 찌르는 간수
그는 무서운 것이 직업이다

인자한 것은
소장이나 간수장의 일、
간수는 무섭게 구는 구실이다

잠든 감방 앞으로
발소리 없이 오락가락
코소리로 노래를 부르는 그

창에 부딪치는 설한풍 소리
죄인들의 고달픈 잠고대
그는 때로 귀를 기울인다

〈표 2-13〉
『시집 사랑』과 『전집 15』에 수록되어 있다. 서대문형무소의 간수를 회상하며 쓴 시다. 『시집 사랑』과 『전집』에는 "四八二八、二、서대문형무소 감방에서"로 기재되어 있다. 이광수가 옮겨 쓸 때 가필한 것으로 추측된다.

기러기

친구가 앓는 나를 위하야 기러기 한 마리를 보내어 왔다.

「고아 잡수시라고요」

심부름 온 학생이 이렇게 말하더란다.

헌 넥타이에 다리를 매었고 옳은편 날개쭉지에 피가 묻고 털이 꾸겨졌다. 총알을 맞은 자린가 보다.

그는 고개를 기웃기웃하고 눈을 껌벅껌벅하고 있다. 무엇을 생각하는가. 날던 하늘인가, 헤엄치던 물인가. 사랑하던 동무인가.

그는 제 운명에 관한 명상을 하고 있을 것이다. 죽음의 무서움을 앞에 보면서 「是甚麽」를 노일 것이다.

내가 그의 머리를 쓸어 주니 가만히 있었다. 등을 쓸어도 가만히 있었다. 여전히 눈만 굼적거리고 있었다.

힘 없는 나. 나는 너를 실려 줄 힘이 없다. 놓아 주이시 내가 살 수만 있다면 그리하겠다 마는 총 맞고 떨어진 네게는 이믜 날아날 힘이 없다.

아이들은 너를 치료하여서 날려 보내자고 하였다. 그러나 나는 그리할 용긔도 없어서

마츰내 너를 잡아먹고 말았다.

〈표 2-14〉

『시집 사랑』과 『전집 15』에 수록되어 있다.

因果應報

진 빚은 갚아야 한다
갚을 날자는 못 물린다.
하로도 못 물린다

나를 따르는 두 긔록자—
녹음 영화반과 장부 긔입자
꿈속에까지도 따르는 두 그림자

지어버릴 수 없는 영원한 긔록
줄 것 받을 것의 정확한 긔일
아ゝ 因果應報—이것이 運命이란 것이다!

己丑三月十七日 雨

〈표 2-15〉
『시집 사랑』과 『전집 15』에 수록되어 있다. 말미에 "己丑三月十七日 雨"라고 기재되어 있어 1949년 3월 17일 비가 오는 날에 썼다는 것을 알 수 있다. 이날 이광수는 네 편의 시를 지었다.

(因果)

그러나 나는 믿었습니다—因果의 理法을。 힘의 不滅을。

내가 바치는 머리카락만한 힘도 쌓이고 쌓이면 무엇이 되리라고。

내가 호호 부는 다슨 입김이 三千里 三千萬의 어는 몸을 조곰이라고 녹히리라고。

그런데 나는 民族反逆者의 罪名으로 法에 걸렸습니다。

法官은 나를 꾸짖고 新聞은 나를 辱說합니다。

親知도「왜 가만이 있지 않았느냐」합니다。

아마 잘 하느라 한 것이 모도 잘못이었던 모양입니다。

모처럼 제 깐에는 한다는 것이 모도 꾸중 들을 일 저질이었던 모양입니다。

나는 깊이 反省해 보았습니다、내게는 不純한 動機가 없었더냐고。

내 名利慾을 爲한 것이 없있더냐고。

利慾은 이미 떠났다 하더라도 名慾은 없었더냐고。

나는 民族의—적어도 民族의 一部、民族主義者、靑年、學生의 受難을 緩和하랴고 내 愛國者라는 名譽를 버렸다。

그러나 그 名譽를 버렸다는 名譽를 貪함은 아니었던가。

나는 진실로 猛獸의게 물리랴는 사람을 救하랴고 내 몸을 내어던졌던가。—나는 이렇게 反省하였습니다.

그러나 나는 이렇게 結論하였습니다—

내게도 名利慾은 있었다、그러나 이 일에서 나는 名利慾을 發한 記憶

은 없다、고。

그러나 세상은 내 속을 잘 믿어주지 아니할 것입니다。

「네가 어찌 그렇게 갸륵한 사람이겠느냐、 僞善者!」하고 비웃을 것입니다。

세상은 내가「죽을 죄로 잘못했습니다、나는 내 名利를 爲하여서 民族을 反逆했습니다」하는 懺悔만을 要求할 것입니다.

그러나 나는 아모리 謙遜을 꾸미더라도 그런 거즛말은 할 수 없습니다。

나를 어리석었다면 그것은 首肯도 하겠습니다。

大局을 볼 줄 몰랐다、하면 그럴 법도 하겠습니다、

저를 모르는 誇大妄想이었다 하면 그럴 법도 하겠습니다.

「네까짓 것이 하나 나서기로 무슨 民族受難緩和의 効果가 있었겠느냐 하면 거긔 對하여서도 나는 默〻하겠습니다。

어리석은 誇大妄想—아마 그럴는지도 모릅니다。

나는「愚者의 孝誠」이라고도 저를 評해 보았습니다。

그러나 나는 내가 할 일을 하여 버렸습니다。

내게는 아모 不平도 悔恨도 없습니다。

나는「民族을 爲하여 살고 民族을 爲하다가 죽은 李光洙」가 되기에 부끄러움이 없습니다。

天地가 이를 알고 神만이 이를 알 것입니다。

世上에도 이를 아는 同胞도 있을 것입니다。

아니、아는 이가 한 분도 없어도 할 수 없거니와 그래도 좋습니다。

나는 내가 할 일을 하였기 때문입니다.

〈표2-16〉 '◎'

『전집 19』에 수록되어 있다. '因果'라는 제목은 편집자가 붙인 것으로 연필로 기재되어 있다. 이광수는 대일 협력에 나섰던 당시의 심정을 돌아다보며 "할 일을 했다"고 썼는데 아직 반민특위에서 심문을 받았을 때의 흥분이 가시지 않은 것 같다. 5페이지에 달하는 긴 시인데도 수정이 몇 군데밖에 없다. 공간 부족으로 말미에 날짜를 기재하지 못한 것 같지만 전후 시의 창작 날짜로 보아 이 시도 1949년 3월 17일에 쓴 것으로 추측된다.

임

돌아 보니 수미산 같은 내 죄
천만겁에도 갚을 길 없으니
땅에 엎더려 임 이름 부릅니다
나무관세음보살 마하살

공덕을 쌓을 맘 있사와도
죄에 시들은 몸 힘이 없사와
하늘 우럴어 임 이름 부릅니다
나무관세음보살 마하살

임 이름 한 번 부르면 천겁의 죄
슬어진다고 세존이 가르치시니
목을 놓아서 임 이름 부릅니다
나무관세음보살 마하살

己丑三月十七日 雨

〈표 2-17〉
『시집 사랑』과 『전집 15』에 수록되어 있다. 말미에 "己丑三月十七日 雨"라고 기재되어 있어 1949년 3월 17일에 썼다는 것을 알 수 있다.

임이름

임 이름 부르고 나면
훈훈하오라
괴로워 꼬이던 몸이
누긋하오라

그러나 임은 멀으셔라
내 소리 들리나이까
합장하고 누물에 젖은
내 모양 보시나이까

種ゝ諸惡趣
無刹不現身
부르면 오시마 한 약속만 믿고
임 이름 부르나이다

己丑三月十七日 雨

〈표 2-18〉
『시집 사랑』과 『전집 15』에 수록되어 있다. 말미에 "己丑三月十七日 雨"라고 기재되어 있어 1949년 3월 17일에 썼다는 것을 알 수 있다.

草翁

개울가 풀 언덕에
소 끌고 풀 뜯기던
그날이 그리워라

지나는 소내기에
소 젖고 나도 젖어
무지게 바라보다

풀판에 내 그림자
석양에 길었는데
종달이 지저귀다

흐르는 개울물을
절벅절벅 건너는
단둘이 소와 나와

〈표 2-19〉
『시집 사랑』과 『전집 15』에 수록되어 있다. 마지막 행의 "단둘이 소와 나와"는 『시집 사랑』과 『전집』에는 '와'자가 삭제되어 "단둘이 소와 나"로 되어 있다.

柳樹人從江南來訪

三十年前滬上親

漢陽相見已衰人

恢天壯志今猛古

〈표 2-20〉 '◎' '×'

3행밖에 없는 미완성의 한시다. '◎'표가 붙어 있는데도 『전집 19』에 누락된 것은 편집자 이야기로는 미완성 때문이 아니라 단순한 실수였다고 한다. 柳樹人은 뤼쉰(魯迅, 周樹人)의 『광인일기』를 번역한 아나키스트이자 재중 독립운동가 유기석(柳基石, 1905~1980)의 호다. 유기석은 1920년 상해에서 흥사단에 입단하여 안창호·이광수와 함께 지냈다. 1949년 5월 3일에 서울에 왔던 사실을 그의 문장을 통해 알 수 있다. 한시의 의미는 아래와 같다.

> 삼십 년 전 상해에서 친하게 지냈었는데
> 한양에서 만나 보니 이미 노쇠한 이 되었구려
> 천하의 형세를 돌이키려던 웅지는 옛날과 다름없는데

3행을 몇 번이나 고쳐 쓰고 마지막 행은 쓰지 못했던 것으로 미루어 보아 작자의 복잡한 심경을 엿볼 수 있다.

(자비를 잃은 마음)

아이들의 손에는 선전 비라가
어른의 바지 주머니에는 단총이 들었다
군인과 경관의 눈에는 피가 서고
백성들은 서로 의심하고 겁을 내어
이웃은 모도 적국이 되고
어제까지 친하던 친구도 오늘은 믿을 수가 없다

옛날 난시에는 피난처나 찾았다
사람과 사람이、아비와 아들좇아
서로 적이 되는 오늘의 난리에
피난처가 어딘고、하늘 위? 땅 속?
무섭다는 원자탄이 발하는 방사선보다도
더 무서운 건 자비를 잃은 사람의 마음

〈표 2-21〉'◎'
『전집 19』에 수록되어 있다. '자비를 잃은 마음'이라는 제목은 편집자가 붙인 것으로 연필로 기재되어 있다.

和平

얼마나 和平이 그리운고。

「泰平聖代」가 그리워라

미워 말고 쌈 말고

흔들흔들 사는 世上이 그리워라.

〈표 2-22〉 '◎'

『전집 19』에 수록되어 있다.

셋재 싸옴

긔여히 싸우고야 만다네
初不得三이라
셋재 싸옴을 하고야 만다네

原子彈이 터지고야 말아
피로 아시아 유로바를
씻고야 말아—묵고 묵은 때를.

이번이 마즈막 싸옴
아주 싸옴 끝막는 싸옴이
되면야 자키나 좋으리만

八二、四月十二日

〈표 2-23〉 '◎' '×'
『전집 19』에 수록되어 있다. 말미에 "八二、四月一二日"이라고 기재되어 있어 이광수가 이 시를 1949년 4월 12일에 지었다는 것을 알 수 있다. 이 무렵 중화민국 수도 난징은 중화인민공화국에 의해 함락되기 직전이었다. "마지막 싸옴"이라는 말은 이러한 사실과 관련이 있을지도 모른다. 이날 이광수는 세 편의 시를 썼다.

진달레

진달레는 어린애 같아
모양 없는 나무대기 끝에
멋없이 핀 한 송이 두 송이
양지 작에 소도록이
모여 앉은 발가숭이—
진달레는 어린애 같아

그러 길래 어린애들이
보기만 하면 막 달려들어
막 꺾어서 아름으로 안아
반가와 죽겠는 거야
흥이 나 못 견디는 거야
진달레는 어린애여든

八二、四、一二、

〈표 2-24〉
『시집 사랑』과 『전집 15』에 수록되어 있다. 말미에 "八二、四、一二"라고 기재되어 있어 1949년 4월 12일에 썼다는 것을 알 수 있다.

그 나무 왜 꺾나

애기네들
그 나무 왜 꺾나
나무 가지 왜 꺾는 거야
꺾지들 말고 보기만 하소

애기네들
그 나무 왜 꺾나
애기네 손고락 발고락
똑똑 꺾으면 안 아프겠나

애기네들
그 나무 꺾지 마
잎 피고 꽃 피는 양 두고 보아
제 멋대로 자라는 양 두고 보아

八二、四、一二.

〈표 2-25〉
『시집 사랑』과 『전집 15』에 수록되어 있다. 말미에 "八二、四、一二."라고 기재되어 있어 1949년 4월 12일에 썼다는 것을 알 수 있다.

오랑캐꽃

뜰에 핀 오랑캐꽃
드려다 보노라면
향긔가 풍겨 온다
청명철 봄바람에

오랑캐꽃이 피면
메주 말려 장 말아
살랑살랑 차건만
벌도 둘 셋 날아 와

매마른 땅인지라
잎 잘고 꽃도 질아
그래도 아니 잃은
제 빛과 제 향긔여

〈표 2-26〉
『시집 사랑』과 『전집 15』에 수록되어 있다.

완전

별이나 꽃이나 갓난 아기야
고운 중에도 고운 게어니와
날 즘생 질 버러지 돌멩이까지도
아니 고운 것 있던가 있는 것은 다 고와라마는
어느 하나도 완전히 고운 것 없으매
무궁한 동안에 무궁한 자리에 나고 슬어지는 것 모도 모와서 완전한 고움이러라
그러매로 어듸를 가도 아모리 오래 살아도 심심치 않은 생명이러라

〈표 2-27〉
『시집 사랑』과 『전집 15』에 수록되어 있다.

요새

꽃피는 봄인데
몸으로 맘으로 앓는 나는
괴로워라 괴로워

머리는 욱신거려
목은 잠기고 말은 더듬어
괴로워라 괴로워

들리는 소식
온 세계가 모도 앓는지고
괴로워라 괴로워

한 바탕 꿈일가
언제나 깨쳐버릴 꿈인지 몰라도
괴로워라 괴로워라

八二、四、二O

〈표 2-28〉
『시집 사랑』과 『전집 15』에서는 제목이 '괴로워라'로 바뀌어 있다. 옮겨 쓸 때 이광수 자신이 바꾼 것 같다.

광경

누구는 반민법에 걸렸다
누구는 좌익으로 잡혔다
공산당은 경찰서를 부시고
경찰은 공산당을 두둘겼다

삼팔선에는 장총이 울고
서울 골목에는 육혈포가 뒨다
피를 뿜고 쓰러지는 자
복면하고 달아나는 자

아 눈들은 욕심으로 붉고
입들은 모략으로 날름거려
내일이 어찌될꼬 하면서
사람들은 믿음을 잃고 말았다

〈표 2-29〉 '◎'
『전집 19』에 수록되어 있다.

소원

종용한 구석이 그리워라

입들 꼭 닫힌 세상

아첨도 거즛도 선전도 없이

제 숨소리나 듣고 앉았는 세상

아ゝ 그러한 구석이 그리워라

아ゝ 시끄러워라 구찮은지고

〈표 2-30〉

『시집 사랑』과 『전집 15』에 수록되어 있다.

卽興

眞觀淸淨觀
廣大智慧觀
悲觀及慈觀
常願常瞻仰
無垢淸淨光
慧日破諸暗
能伏災風火
普明照世間
念ㄣ勿生疑
觀世音淨聖
捨苦惱死厄
能爲作依怙
具一切功德 慈眼視衆生
福聚海無量 是取應頂禮

〈표 2-31〉'×' '◎'
'◎'표가 붙어 있지만 『전집 19』에는 누락되어 있다. 원문에는 제목 아래에 편집자가 가필한 "佛經普門品"이 연필로 부기되어 있다. 이 작품의 전반부 8행과 후반부 6행은 「妙法蓮華經觀世音菩薩普門品第二十五(觀音經)」의 일부를 그대로 가져온 것이다.

折枝

꺾인 나무가지
병에 꽂혀서
꽃 피고 잎 피네

뿌리 끊인 줄을
잊음 아니나
맺힌 맘 못 풀어서라

맺힌 봉오리는
피고야 마네
먹은 맘이길래

八二、四、二一

〈표 2-32〉

『시집 사랑』과 『전집 15』에 수록되어 있다. 말미에 "八二、四、二一"이라고 기재되어 있어 1949년 4월 21일에 썼다는 것을 알 수 있다.

의지

의지할 곳 없네
이 몸은 물거품
집은 몸보다
땅은 집보다 오래 가도
땅도 타버릴 것이어든
의지할 곳 없어라

태양은 끄물거리는 숱
별들은 있다 없는 아지랑이
무엇이 굳은 것인고
금、금강석 그것도 재
오직 「나」려는 마음이 혼자
짓고는 붓고 붓고는 짓노나

〈표 2-33〉
『시집 사랑』과 『전집 15』에 수록되어 있다.

두 마음

웬일고 맞지 않는 두 마음
네 말 내 귀에 거슬리고
내 말 네 귀에 거슬려
끊임없는 옥신각신이다

웬일고 하나에서 생긴 마음
둘에 갈려 서로 다툼이어
한 몸에 두 머리 돋은 뱀
서로 흘기고 무는 것 같다

이 다툼 언제나 끝나리
멀리 떠나면 끝날가
하나 죽으면 막음 될가
그리도 야속한 다툼이어

〈표 2-34〉
『시집 사랑』과 『전집 15』에 수록되어 있다.

나(1)

내 무얼 구하리
구할 것 하나도 없네
목숨이 시들하거니
무엇을 내 구하리

내 여기 살아 있네
죽으랴 죽을 길 없어
살아는 있네마는
하나도 구할 것 없네

깃블 것 무엇 있으리
슬플 것좇아 없네
오는 것 안 막을 내어니
가는 것 따를 줄 있으리

〈표 2-35〉 '◎'
『전집 19』에 수록되어 있다.

나(2)

평생에 자비의 길을 질겨
남의게 주노라 했네마는
내어민 내 손은 번번이
물렸네 채왔네
어쩝지 않았던 것일세
수쩨 가만이나 있을 걸 그랬나

내 밭에 차미를 심거
길 가는 사람을 주니
본체만체는 좋아도
욕하고 따림을 받았네
내 차미 맛이 없었나
내 꼴이 숭해서 그랬나

〈표 2-36〉 '◎'
『전집 19』에 수록되어 있다.

안해의 설교

당신은 착한 체하는 악인
나는 악한 줄 아는 악인
나는 어차피 악인이어니와
당신은 남의 대접 받는 사람 아뇨?

나는 당신 위해 희생된 사람
당신은 남의 희생 받고도 모르는 사람
가만히 당신 속을 드려다 보시오
얼마나 악한 당신인 줄 알 것이니

손톱이 져쳐지게 나는 당신을 위했소마는

당신은 내게 무엇을 주었소?
안해의게 줄 것 없는 남편이어든
마음으로 안해를 알아주는 사람이나 되시오

八二、四、三〇

〈표 2-37〉 '◎'
『전집 19』에 수록되어 있다. 말미에 "八二、四、三〇"이라고 기재되어 있어 1949년 4월 30일에 썼다는 것을 알 수 있다.

이야기

쌀값도 오르고 세상도 소란한데
이 땅 사람들 무엇으로 위로하나
심심찮은 이야기나 하나 지어
읽어드릴까나、들려드릴까나

우는 애기도 자장노래에 잠들고
성난 바다도 저 한 가락에 잔다는데
서뿌르나마 정성드린 내 이야기
듣고 웃으시라 잠시 마음펴시라

내 평생에 지은 이야기 스물、설흔
이느 분 읽으신고 어느 분 들으신고
그 얼굴들 눈앞에 그려 놓으면
모도 반가오셔라、살 닿는 듯하여라.

〈표 2-38〉
『시집 사랑』과 『전집 15』에 수록되어 있다. 창작 날짜는 없지만 이 시첩의 배열 순서로 보아 4월 말이나 5월 초에 쓴 것으로 보인다. 『시집 사랑』과 『전집 15』에서는 말미에 "八二、十二 사랑의 東明王을 쓰고"라고 적혀 있는데, 이것은 이광수가 옮겨 쓸 때 가필한 것으로 추측된다. 허영숙 여사가 관여한 삼중당 전집 연보에 의하면 『사랑의 東明王』을 탈고한 날짜는 12월 17일이다.

서로

피차에 길 가는 나그네
오다가다 만난 이
피차에 인생 바다 건너는
한 나루배에 손님

어듸서 떠난지도 잊고 어듸로
가는 줄도 모르는
피차에 가슴에 서러움 품고
눈에 눈물 고인 우리

서로 하소할까나 서로 껴안고
눈물 눈물 씻기고
손길 마조 잡고 풍파 사나온
이 바다 건널가이나

〈표 2-39〉
『시집 사랑』과『전집 15』에 수록되어 있다.

가는 봄

간밤 비바람에 동산꽃 다 날렸겠다
병들어 누운 손을 두고 이 봄 지나가네
녹음의 여름 풍류나 질겨 볼까 하노라

〈표 2-40〉 '◎'
'◎'표는 잘못 붙인 것 같다. 『시집 사랑』과 『전집 15』에 수록되어 있다. '時調'라고 적혀 있지 않은데 『전집 15』에 '시조'로 수록되어 있다.

무슨 원?

이 세상 들어올 제 무슨 원을 가져온고
누구를 보랐던고 어떤 일을 하잤던고
내 무엇 찾아 헤매어 이제 여긔 있는고

영겁의 끝없는 길 두루 도는 몸일러니
고운 임 만나서도 붙잡을 줄 모르고서
놓지고 또 찾는 길을 가고 가는 내로다

가자 훨훨 가자 가는 대로 가잤어라
가다가 저물어든 드새고나 가잤어라
죽고 또 나고 하면서 끝간 데를 보리라

〈표 2-41〉 '◎'
'◎'표는 잘못 붙인 것 같다. 『시집 사랑』과 『전집 15』에 수록되어 있다. '時調'라고 적혀 있지 않은데 『전집 15』에 '시조'로 수록되어 있다.

시골 풍경

김이 무럭무럭 나는 오양 두엄
지게에 한짐 잔뜩 짊어지고
두 팔에 작대기 힘껏 결어 끼고
높은 채 올라가는 젊은이의 불룩거리는 장딴지

오줌 동의 박아지 띄워 머리에 이고
부른 젖통 팔깍지 껴서 꽉 누르고
개울 건너 밭으로 나아가는 젊은 아낙네 뒤에
발가숭이 아이 녀석 하나 꼬리치는 강아지 하나

젖먹이 하나 등에 팔다리 너들너들 업고
우통 벗은 계집애 하나 앞을 세우고
논두렁길로 비척비척 가는 꼬보랑 할머니
젖 얻어 먹이러、밭에 간 며느리 찾아가는 길이다.

〈표 2-42〉
『시집 사랑』과 『전집 15』에 수록되어 있는데 말미에 "(思陵에서)"라고 기재되어 있다. 이광수가 옮겨 쓸 때 가필한 것 같다.

사랑과 미움

요새 웬 사람이 이렇게들 죽소
오늘도 세 사람이 총을 맞아 죽었다고
가만히 두어도 앓아서들 죽는 것을
웨들 총을 쏘고 칼로 찔러서 미리 죽이오

웨 그리 서로 미워들 할까요
피차에 얼마 못 살고 죽을 인생이
서로 웃고들 삽시다 그려、서로
좋은 말 하고들 삽시다 그려

주고 살아도 한세상 빼앗고 살아도 한세상
배앗아 잘사는 이 보았소? 주어 못사는 이 보았소?
미워하다가도 죽고 사랑하다가 죽는 인생이라면
같은 값에 주다가 사랑하다가 죽읍시다그려

〈표 2-43〉 '◎'
『전집 19』에 수록되어 있다.

안락

아마도 해가 어찌 되었나 바
그 빛에 무슨 독이 품겼나 바
그렇길래로 해빛 가는 데마다
모도들 보깨는 것 아닌가

아마도 땅이 어찌 되었는가 바
솟는 물에 무슨 독이 들었나 바
그렇길래로 물 먹고 사는 중생들이
모도들 으르렁거리는 것 아닌가

사람들이 제 꾀를 믿던 날에
평화의 에덴은 깨어졌단다
그들이 자비에 돌아가는 날
아 ≻ 오직 그날에야 안락이 다시 올 게다

〈표 2-44〉
『시집 사랑』과『전집 15』에 수록되어 있다.

나라 타령

중국은 周公 孔子의 나라
老子 莊子의 나라
李白 杜甫의 나라
나는 중국을 사랑하노라

印度는 베다의 나라
釋迦如來의 나라
馬鳴龍樹達磨의 나라
나는 印度를 사랑한다

이스라엘은 모세의 나라
詩篇의 作者 다윋의 나라
예수 그리스도의 나라
나는 이스라엘을 사랑한다

英國의 씨엑스피아의 나라
失樂園의 밀톤의 나라
롴、밀의 自由主義의 나라
뉴톤、웥의 나라

독일은 칸트 헤겔의 나라
꿰테 실러의 나라
醫學、科學의 나라
그리고 박흐 쓔베르트의 나라

이달리아는 버질 단테의 나라
갈릴레오 미켈안젤로 라파이엘의 나라
건축과 음악의 나라 또
마지니 갈리발디의 나라

미국은 에부라함 린컨의 나라
프랑클린 에디슨의 나라
롱펠로 에머슨의 나라
그리고 ECA의 나라

프랑스는 아름다움의 나라
그 말과 미술과 농촌과 옷 모양과
시와 오페라와 좋은 포도주와
경쾌하고 멋들어진 스타일과

로시아는 톨스토이의 나라
투르게넵 도스토엡스키의 나라
또 메치니콥의 나라
북극곰 같이 북실북실하고 인심 좋은 백성이 사는 나라

만주와 東南아시아는 피로 四寸 이웃으로 四寸
저 蒙古族도 사돈이오 남은 아니다
安南、버마、太平洋諸島、南北亞米利에 사는 사람들도
寸數는 멀어도 모도 一家 아닌가

이리 저리 혜어 하니 누구는 남이런가
모도 해야 二十億의 많지 않은 食口로세
조고마한 地球 우에 한 해 한 달 바라보고
한 물 한 공긔 마시고 살다 죽는 同族일세

八二、五、三、

〈표 2-45〉'×' '◎' 'Φ' 'ɣ'
'Φ'와 'ɣ'표의 의미는 불분명하다. 『전집 19』에 수록되어 있다. 말미에 "八二、五、三"이라고 기재되어 있어 1949년 5월 3일에 썼다는 것을 알 수 있다.

과년

복숭아꽃 피고
혼인 말 있을 때
과년한 처녀는
괘니 부끄러워
괘니 웃음이 나와

일감 손에 안 잡혀
들었다 놓았다
바늘만 분질러
괘니 귀기울이고
괘니 들락날락

天地에 봄이 오면은
과년한 처녀의
마음에도 봄이 와
괘니 몸을 빗꼬고
괘니 팔을 내둘러

〈표 2-46〉
『시집 사랑』과『전집 15』에 수록되어 있다.

정도령

오백 년 내리 기다린 정도령
지금 몇 살이나 되신고
타고 오실 말은 살이 올랐나
들고 오실 칼은 누가 벼렸노

계룡산 상봉에 이마돌도
허옇게 때를 벗었다는데
곰나루 물이 아직도
푼개로 아니 돌았다 하네

푼개에 배가 뜨면은
정도령 나오신다네
남녘 바다 섬에서
천년 태평 가지고 온다네

우리 마음에 맥힌 악이
터지는 날에야 터진다네
푼개에 쌓인 검은 흙이
그리고야 정도령 타신 배가 들어
온다네

〈표 2-47〉 '◎'
'◎'표 옆에 "중복"이라고 연필로 적혀 있고 『시집 사랑』과 『전집 15』에 수록되어 있다. 1연 4행 "버렸노"와, 2연 1행 "상봉에 이마돌"은 『시집 사랑』과 『전집 15』에는 "버렸소"와 "상봉의 미마들"로 되어 있다.

사랑

봄은 이 강산에 왔건마는
삼천리의 얼음은 아니 풀리네
삼천만 마음이 얼음을 뿜으니
오뉴월이 되어도 풀릴 뜻 아니하이

삼천만의 마음이 훈훈하게 풀리는 날
이 강산에 다살은 바람이 불어오리
사랑、사랑、그러이、오직 사랑일세
이 강산 이 겨레의 얼음을 풀기는.

미움의 칼과 속임의 창과
원밍의 독한 화살이 윙윙
침ㆍ한 허공으로 울며 날아가네
가로 세로 날아 눈을 가슴을 찌르네

봄이 왔으니 활작들 펴소 그대의
찌프린 양미간을 우숭구린 몸을
그리고 초목이 꽃과 잎을 확 펴듯이
다들 너그러운 사랑의 웃음을 웃으소

〈표 2-48〉 '◎'
『전집 19』에 수록되어 있다.

마음

사람의 맘 물 같아서
그릇 따라 모양 달라
둥근 그릇 둥근 모양
모난 데는 모가 난다

물이 본래 빛 없건만
비초여서 빛이 나네
검은 물은 어듸 있나
붉은 물도 저 아닐세

뱀 배오면 뱀이 되고
소 배오면 소가 된다
사람들이 어이하야
해와 달을 안 배오나

〈표 2-49〉 '◎' '×'
『전집 19』에 수록되어 있다.

저 해를 바라보니

저 해를 바라보니
허공에 떠 있어서
평등하게 만물의게
빛을 주고 열을 주네

제 몸을 태워 태워
있는 것을 다 주건만
주노라 말 있던가
갚아라 말 있던가

모기와 파리 보니
물고 빨기 일이인민
그 몸이 못 크러라
그 목숨 못 길러라

어와 세상 사람들이
주는 몸이 되어지다
주는 이는 임금이오
바랄 때엔 거지로다

〈표 2-50〉 '◎'
『전집 19』에 수록되어 있다. 이광수가 처음 붙였다가 지워버린 '저 해를 바라보니'라는 제목을 편집자가 그대로 살려서 다시 썼다.

왜 사나

나는 왜 사나? 무엇하러?
자고 나면 먹고 움지기고 또 자고
사랑하고 미워하고 기쁘고 슬퍼하고
그러니 어떻단 말인가.

나는 왜 사나? 일하랴고?
일해서는 무엇하나 먹으랴고?
먹어서는 무엇하나 살랴고?
살아서는 무엇하나?

나는 왜 사나? 기쁘랴고?
기쁨이 좋기는 좋더라마는
그것은 혀바닥에 떨어지는 눈송이
선뜩하고 곧 슬어져

나는 왜 사나? 처자를 위해?
처자는 살아서 무엇하는 것인가
그들도 또 그들의 처자를 위해?
끝없는 생명의 사슬이로다

나는 왜 사나? 나라를 위해?

나라는 무엇인가 사람들의 떼、

이왕 사는 사람들이니 편안히나 살리자고、

이래서 나는 산다、

〈표 2-51〉 '◎'

『전집 19』에 수록되어 있다. "편안히나 살리자고"의 '나'는 나중에 가필한 것으로 보인다.

解放

내 몸을 만든 자 누구냐
내 마음이다、선과 악을 짓는 자.
어느 집을 지은 자가 누구냐 하면
그 집에 든 사람인 것과 같이

임금은 대궐을 짓고
가난방이는 오막사리를 짓는다
대장장이는 풀무를 놓고
주막장이는 몽노를 차린다

제 손으로 지은 집에
한 번 들어 살면
그 집을 떠날 때까지
사람은 집의 지배를 받는다

임금이 임금을 고만 둘 때
그는 대궐을 버리고
주막장이가 술장수를 그쳐야
몽노집을 떠난다

사람마다 저는 성하다고 생각한다
눈은 바로 보고 귀는 바로 들어
제 마음의 판단이 틀림없다고 우긴다
그러나 그렇던가 과연 틀림이 없던가

〈표 2-52〉 '◎'
'×'표를 썼다가 지운 흔적이 있지만 의미는 불분명하다. 『전집 19』에 수록되어 있다.

(왜들 싸우시오)

당신네들 왜들 싸오시오? 하면
살기 좋은 세상을 만들랴고 그런다、고
내 말 안 듣는 놈들은 다 치어 버리는 날
살기 좋은 세상이 이 땅에 온다고
당신만이 사람인가、당신만 잘났는가
머리 하나마다 사람 하나인 줄 잊었는가

달팽이는 달팽이 껍질이 좋고
게는 게딱지가 맞네
저마다의게 제 세상을 짓는 자유를 주라
감 놓아라 배 놓아라는 그대의 상에 그치라
굼벙이는 흙을 파게 두고
새는 공중을 날게 두라

〈표 2-53〉 '◎'
『전집 19』에 수록되어 있다. 제목 '왜들 싸우시오'는 편집자의 증언에 따르면 본문 1연 1행에 있는 "왜들 싸오시오"를 현대 표기로 바꾼 것이다. 1연 2행 "살기 좋은 세상"은 다음 시의 제목으로 했다고 한다.

(살기 좋은 세상)

나는 내 멋대로 살 터이니
자네는 자네 멋대로 사소
내 자네를 안 건드릴 터이니
자네 왜 내게 개개러 드는가
서로 제 멋대로 살고 남 챙견 발 때에
비로소 살기 좋은 세상이 올 것일세

우리 피차에 하로살이 같은 인생
가만 두어도 얼마 아녀서 죽을 목숨
네게 오장육부와 이목구비 있으면
내게도 그만치 있네、 네나 내나
크기로 얼마 더 크리 잘났기로
얼마나 더 잘 났으리 한 치 아니면 두 치

〈표 2-54〉 '◎'
『전집 19』에 수록되어 있다. 제목은 편집자가 앞의 시 「왜들 싸우시오」의 1연 2행에서 취한 것이다.

(支配者)

누가 자네를 뽑아 내 지배자를 삼았나
나는 자네더러 혁명가 되라 청한 일 없네
비켜나게 자네 집 문전에 눈이나 쓸게
남의 집 안방에 몬지 챙견은 말게
나를 위할 마음 있걸랑 나도 모르게 하소
혁명가、애국자라는 자네 자랑 귀 아프이

자네 밭에는 자네 좋아하는 씨를 심게
내 밭에 콩을 심건 팥을 뿌리건 왜 상관하나
우리 서로 제 멋대로 제 농사지어
밥이나 떡이나 남거든 서로 권하기나 하세
머리쌀 아프고 피비린내 나는 혁명이 주의니
하고 싶거든 자네 혼자 자네 집구석에서나 하소

아ㅅ 끓는 바다와 같은 세상이어
이 바다를 끓이는 자가 누구인가
탐욕과 미움과 그리고 저 잘난 교만으로
혁명가 주의자 지도자라 뽐내는 무리
원컨댄 다들 제 집으로 돌아가
밭돼기들이나 매소 땔나무 짐이나 하소

진실로 세상을 위하는 일이 하고 싶거든
동네 움물이나 츠소、길이나 쓸어 보오
우는 애 업어나 주고
앓는 병구완이나 하소
그리고 애어 그 주의 그 혁명을랑
부대 길에 나와 시끄럽게는 마소

〈표 2-55〉 '◎'

『전집 19』에 수록되어 있다. '支配者'라는 제목은 편집자가 붙인 것으로 연필로 기재되어 있다.

구데기와 개미

小滿 바람은 차도
五月 볕은 다숩다
내 집 좁은 뜰의
볕 잘 드는 한 구석
백 여일이나 앓는 몸이
볕을 쪼일 때에 일어난 일.

적은 일이라면 적다마는
크게 보면 宇宙와 같이 크다
알 수 없는 生命의 神秘
야속히도 살랴는 意慾
그러면서도 안타까와라、
無明에 가리워진 마음의 힘!

어디로서 왔는가 구데기 한 마리
누르스름하고 번질벌한 몸
열두 마디 꿈틀거려 움질거려
굴르며 자빠지며 바쁘게 가는 길
땅바닥을 찍어 당기는 주둥이
그의 오직 하나인 무기다

그는 어디로 가나、무엇하러?
해는 벌서 낮이 기울었는데。
낙수층계 밑으로 거의 다
와서는 굴고 와서는 또 굴고
이 방향으로 저 방향으로
그는 무엇을 찾아가는 길인가

나는 알았다、그의 목적을、
열두 마디 움질움실 바쁜 까닭을。
집을 찾는 것이다、따뜻하고 포근하고
남의 눈에 아니 띠우게 숨을 집、
마음 놓고 한동안 수령이 되어、
날개 치고 나오기까지 몸 담을 곳、

그는 구린 시궁창을 뛰어났다。
먹고 마시기도 전폐하였다。
가벼운 두 날개 활작 펴고
무변 허공에 훨훨 날 때까지
다시는 안 돌아온다고
수채구멍을 박차고 나선 그다。

가다가는 머물러 쑤셔 본다
다져진 마당 흙은 그의게는 돌과 같다
열 번 스므 번 주둥이로 파다가는

또 땅을 찍어 당기며 긔어간다。
해는 자꾸만 기울어지는데
얼마 안되는 정력은 자꾸만 닳는데。

발발발 기어가던 개아미 한 마리
움지겨야 눈에 띠우는 잔 개아미
멈츳、서는 듯、픽 방향을 돌려
구데기의 뭉투둑한 꽁문에
물고 매어달려 발을 버둥거린다
깜작 놀라 꿈틀거리는 구데기

아마도 평생에 처음 만나는 적、
처음 당하는 물리는 아픔!
뿌리쳐도 다시 기어오르는 개미
등을 물고 목덜미를 물고
가렵고 아픈 독약을 쓰고
다시 못 얻을 진액을 빨고。

물고는 안 놓으랴는 개미
떨어졌다는 또 매어달리는 개미
열、스물、설흔、마흔
백 군데 더 물렸나、
데굴데굴 굴고 꿈틀거리는
구데기 몸에 흙이 묻기 시작한다

인제 배가 불렀는가 개미 저도
물고 빨기에 질력이 났는가
배고픈 동무들헌테
먹을 것 있다고 알리러 감인가
죽겠다고 괴로워하는 구데기를
버리고 부지런히 달려간다

한바탕의 격전은 지나고
천시는 다시 고요하였다
적이 물러간 줄을 알 때에
구데기는 옛 정신을 다시 차렸다
다시는 그런 일이 없과져
그는 다시 목적지로 기기를 시작한다

물린 몸은 가렵고 아프고
악전고투에 기운을 빠셨어노
가던 길은 가야 하는 게다
몸 숨길 구녁을 찾아야 한다
그 걸음은 아까보다 느리다
그래도 쉬지 않고 움질거리는 그.

반반한 마당이언마는、그의게는、
떨어지면 나오기 어려운 우무거리도、
자칫하면 굴러나는 경사지도 많다。

천신만고로 층계 밑에 다달아
大海의 盲龜가 浮木 만나듯이 찾은 것이
포근포근한 앞뜰을 가진 개미 구멍.

그는 찾을 데를 찾았다고 기운차게
그 구멍으로 들어가고 말았다。
「아、인제 되었다」고 얼마 동안이나
몸과 마음을 쉬었는가 말았는가
다시 기어나올 때에는 그의 왼 몸에
까맣게 잔 개미들이 붙어 있었다

그는 수없이 몸을 꾸부렸다 폈다、
몇 번이고 이리 뒤치고 저리 뒤쳤다、
물고 뜯고 쏘는 적을 떨어버리려 했다
그는 분노 고통과 원한으로 뒤집혔다
배고픈 개미들은 그 사정을 몰랐다
실커정 먹기까지 떨어지지 않았다

한 놈 떨어지고 두 놈 떨어지고
잔치 파한 손님들 모양으로
슬몃슬몃 개미들은 갔다
구데기는 다시 자유 몸이 되었다
「살아가기 어려운 세상、
앞 일 못 내다보는 설움」

그의 몸은 가늘어졌다
기름과 진액을 빨린 것이다.
그의 걸음은 느렸다
그는 분명 몸 가누기가 어려워졌다
그래도 가야 한다、몸 둘 데를 찾아야 한다
그러기에 더 가야 한다、못 움지기기 전에

한 시간은 지났다
해는 더욱 기울었다
어디를 어찌 돌아 다시 왔는고
구더기는 개미 집 앞에 있었다
그렇게도 죽을 곡경을 치른
아까 그 구멍으로 그는 들어갔다

그는 한 번 다시 세상을 보았다
그러나 그가 찾던 몸 둘 곳은
그는 마츰내 못 찾고 말았다
둘재 나온 그는 더욱 기운이 없었다
그는 몇 번이나 들고 나던 우묵어리에
굴러 떨어지거는 다시 나오지 못하였다

다 저녁때에 나는 그의 몸이
개미들에 끌려옴을 보았다
가늘어진 그는 아직도 움지겼으나

덤벼드는 적을 뿌리칠 힘은 없었다
그는 아픈지 가려운지 움지럭거리면서
개미들이 끄는 대로 천천히 끌려갔다

두 번이나 제 뜻으로 들어가던 구멍에
이번에는 개미들의게 끌려서 들어갔다
처음 떠날 때에 구하던 보금자리
하늘에 날아 오르랴던 그의 큰 뜻은
어느 제 어느 생에 일러지랴는고
아 > 개미구멍으로 끌려 들어간 그여。

一八二、五月十八日

〈표 2-56〉 'x'

『시집 사랑』과 『전집 15』에 수록되어 있다. 10페이지에 달하는 장시다. 말미에 "八二、五月十八日"이라고 기재되어 있어 1949년 5월 18일에 썼다는 것을 알 수 있다. 이 시는 1950년 2월 《희망》 창간호에 발표되었다.

묵은 꽃씨

작은 딸년이 사온 꽃씨
그것은 적어도 사년은 묵은 것
「이것도 날까」
「뿌려 보렴으나」

「어디다 뿌려요?」
좁은 터에 꽃씨 뿌릴 데가 있나
「여기、여기를 이렇게 파고」
딸은 삽으로 뜰 한복판을 팠다

땅은 굳고
삽은 무디고
팔 힘은 약하고
딸은 이마에 땀을 흘렸다

실어가 닉 자
넓이가 두 자
네모난 화단이 뜰 복판에 생겼다
저쪽 마당 오랑캐풀로 선을 둘렀다

딸과 재숙이와 둘이서
밖앝 흙을 파다가 보토를 하고
조고마한 스므 손가락이 주물러
돌을 골라 반뜻하게 하였다

씨를 뿌렸다
세 가지 씨를 뿌렸다
「이거 날까」 딸은 또 물었다
「두고 보자」 아비는 말하였다

딸과 재숙이와 아츰 저녁에
꽃밭에 물을 뿌렸다
「솔〻 뿌려야 돼、
막 주면 땅이 굳어져서 안 난대」

한 일혜도 지났다
「이거 왜 안 날까」
이틀이나 비가 오고 개었다、
「요고 머요? 뾰족〱 나왔어」

보일락 말락한
가냘핀 삯들이
가만히 드려다 보면
열아문이나 나왔다

「이게 꽃나물까」
「두고 보아야지」
「여기 그뜩이 꽃이 피면
얼마나 좋을까、이게 꽃일까」

다음 이야기는 다음에 쓰자
묵은 씨가 삯이 나서
이 화단에 새 꽃이 피거든
꽃노래는 그때에 쓰자

八二、五月、十八日

〈표 2-57〉
『시집 사랑』과 『전집 15』에 수록되어 있다. 「구데기와 개미」와 같은 날인 1949년 5월 18일에 쓴 시다. 그러나 내용은 1943년 1월 《방송지우(放送之友)》 창간호에 실린 단편 「면이화(綿花)」와 비슷한 점이 있다. 이 시는 옛날의 추억을 소재로 쓴 것이 아닐까 생각된다.

잘살 수 있는 나라

남북 삼천리、좀 작긴 하지마는.
얌전한 나라인데、소담하고.
산이 좀 많지만、들도 먹을 만하고.
물들이 크진 못해도 水力은 낼 만하고.

삼면 바다에 명태、조기、정어리.
숭어、민어、송어 맛있는 고기도 많다
큰 항구는 없을망정、쌓기만 하면
쓸 만한 좋은 거는 적지도 않아

석유、유황、안티노니 같은 건 안 나도
석탄、철、금、은、막네사일
고귀한 희유금속은 특별히 많아
서긔의 총아 우라늄광도 있는데

지반이 든든해 지진도 화산도 없고
토질은 좋아 오곡백과는 맛이 있고
닭도 도야지도 꿩도 우리 것이 맛나
소는、순키로나 힘쓰기로나 세계에 으뜸

물맛 좋거따 공긔 맑거따
경치 좋기는 말할 것도 없고
겨울이 좀 춥고 비가 좀 부족해도
건강과 농사에는 알맞다는 좋은 나라

「자연은 좋다마는 주인을 못 만났다」
외국인의 숭보는 소리 원통해라
산은 헐벗고 개울은 막히고
성시나 촌락이 초라하단 말이다

이런 책망은 들어도 싸
입이 열이라도 할 말은 없다
산은 헐벗고 개울은 막히고
성시나 촌락은 초라하긴 하거든

잘못이야 우리 잘못
남의 탓이 아니다
산에 남근 찍었으니 안 심겄으니
게을러서 좋은 집도 못 지었으니

오백년이나 나빴거나 왜정이 나빴거나
양반 잘못이었거나 유교의 탓이었거나
탓은 우리 탓 잘못은 우리 잘못
벗어부친 삼천만이 하면 될 일 아닌가

나무는 심세그려 개울은 츠세그려
큰 개울에 담을 쳐서 전긔도 내세그려
묵은 장이 일궈 내어 논밭 새로 풀어놓고
광물을란 캐어 내어 공업원료 삼세그려

마음에 나무 나야 산에도 나무 난다
마음 나무 없는 백성 사는 곳에 나무 없다
산에 수풀 덮일 때에 국태민안 올 것이다
우리 마음 눅어져야 산에 수풀 덮이라

산에 수풀 덮이면은 개울물이 깊어진다
개울물이 깊어지면 쌀이 많고 고기 많다
쌀과 고기 넉넉하면 인심이 후해진다
속일 사람 그 누구리 싸울 사람 그 누구리

거즛말、도적질、협잡、미워하기 싸오기
이 마음 가진 사람 맘 편할 날 있을손가
이런 사람 사는 세상 잘될 줄이 있을손가
산은 헐을 벗고 개울은 막히리라

붉은 덩이 보이면은 동네가 망한다고
닭 개 즘생 싸옴해도 그 집이 흉하다고
큰 소리 나는 집에 있던 복도 나간다고
마음 깨끗한 사람을 벌러지도 피한다고

복상스러운 개 한 마리가 있어도
온 집안에 복이 온다
복덕 있는 한 사람이 온 집과 온 동네
아니, 온 나라의 복이 된다

어화 이 강산에 어떤 나라 세울까나
산에는 수풀 즘쑥 강에는 물이 철 〻
동네는 화평하고 도로는 탄탄하고
오곡은 무성하고 육축은 번식하고

기계는 쉬임 없이 돌고
배수레는 기운차게 달리고
산에는 새 즘생 질겁게 소리하고
물에는 물고기 맘 놓고 모여들고

거즛은 잊혀지고
참만이 일러지고
미움은 죽고
사랑은 피고

낮은 알맞는 노동으로 가고
밤은 폭은한 안심으로 흐르고
굶주린 이 없고 헐벗은 이 없고
늙은이 덕 있는 이외에 높낮이 없고

이 땅은 이런 나라 만들기에 맞는 땅
피 같고 말 같은 이 백성도 맞는 백성
때도 마츰 이런 나라 이룩할 때
필요한 것 오직 「내가 하자」는 마음이다

一八二、五、一九

〈표 2-58〉 '◎'
『전집 19』에 수록되어 있다. 말미에 "八二、五、一九"라고 기재되어 있어 1949년 5월 19일에 썼다는 것을 알 수 있다.

法華經

임의 眉間白毫相光을 뵙고도
멍멍한 나에게、임은
一乘佛法을 說하셨습니다

一句偈만 들어도、佛像 앞에
작난삼아 한 한 번 合掌도
다 成佛하였다 하시건마는

벌러지 같이 못나고 業障 투겁 쓴、
이 몸이 天人師佛世尊이 되리라고는
믿어지지 않았습니다.

임은 이어 譬喩를 說하시고 또
길고 긴 因緣을 說하셨습니다.
三周說法이 끝나도 어릿어릿하는 나입니다.

임이 壽無量 하시니 나도 壽無量 하올 것이
임이 佛되시니 나도 한 번 佛될 것이
임이시나 내나 한마음이라 하시니이다.

〈표 2-59〉
『전집』에 누락되어 있다. 법화경의 가르침을 쉽게 풀어낸 시다.

하나님

하나님、당신은 유주를 지으고 다스리시는 어른이십니다
당신의 손에 지어진 나는 당신의 마음을 다 알지는 못할 것입니다.
조개비로 바다 물을 되어 보는 것과 같고
내 뼘으로 하늘의 둘레를 재어 보는 것과 같겠습니다
당신의 지혜에 내 지혜를 비기는 것은 마치
해에 반디불을 비는 것과 같겠습니다
크나큰 당신의 힘에 대어보면 내 적은 힘은
어디、난 바다에 헤엄치는 잔 새우만이나 하겠습니다
그런 줄은 앏니다、그러나 내 몸을 꾸려가기에야
내 힘밖에 믿을 것이 어디 또 있습니까
그야 내가 발붙일 땅이나 마실 공긔나 물이나 먹을 것이나
다 당신이 마련해 놓은 것이지오
내 반짝이는 꾀나 아물거리는 힘이나
다 당신께서 탄 것이지오
그런 줄은 앏니다 잘 앏니다 마는、
그것이 매양 부족합니다 그려
조곰만 더 알았으면
조곰만 더 힘이 있었으면
당신께서 정해 주신 한 세상을 살아가기가
수월할 것도 같습니다마는

알뜻알뜻 하면서 막히고
될뜻될뜻 하고도 아니 되니
혼자 광야에 긔어댕기는 젖먹이 모양으로
엎더지고 자빠지고 긁히고 찔리고
실수 투성이 생채기 투성이가 되고 말았습니다

가만히 세상을 둘러보니
사람 사는 데 치고는 편안한 구석이 아니 보입니다.
가뭄이 들거나 큰 물이 나거나
화산이 터지고 바다이 넘거나
이래서 못사는 것은 사람의 탓도 아니겠습니다마는
같은 사람끼리 서로 미워하고 속이고 죽이고 비웃고 얕보고
이렇게 서로 못살게 구는 것은 웬 일이오니까.
지금 아시아나 유럽이나 아프리가나
저 꿈같이 인도양 태평양에 뜬 섬들까지에도
전쟁이 일었고 일고 일려고 있습니다
천 명 만 명의 젊으나 젊은 목숨들이
총알에 대포알에 폭탄에 맞아 죽고 으스러져 죽고 타 죽고 있습니다
이것이 대체 무슨 까닭이오니까
누가 시킨 게오니까. 사람들이 미친 게오니까
하나님 당신의 뜻이오니까
마귀의 작난이오니까
사람 중에 어떤 나쁜 놈이 있어서 그런 것이오니까
지구상에서 인류가 망할 때가 되어서 그런 게오니까

그렇지 아니하면—
당신의 뜻은 따로 있어서、
모두 생각이 있어서 하시는 일을、
내가 괘니시리 챙견을 하는 게오니까.
세상이 되어 가는 양을 잠자꼬 두고 보기만 하오리까.
그렇지 않고 만일 사람들의 죄로 이렇게 세상이 소란하다면
내라도 나서서 떠들어야 하겠습니다
「돌따서라、사람들아、곧 돌따서라 너희가 잡은 길은 멸망의 길!」
이렇게 웨쳐야 하겠습니다.

힘없는 내 소리를 뉘 있어 들으랴고요?

〈표 2-60〉
『시집 사랑』과『전집 15』에 수록되어 있다. 5페이지에 달하는 장시다.『시집 사랑』과『전집』에서는 1행의 "유주"가 '우주'로 고쳐져 있으며, 끝부분에 3행이 가필되어 있다. 이광수 본인이 쓴 것으로 보인다. 내용은 아래와 같다.

내 몸이 만 번 죽어 썩어도 내 뜻이
아니 죽듯이, 못 죽듯이, 늘 살듯이
宇宙의 願도 그래

백지가 9 페이지 이어진다.

나

세목만 있고 본문은 없다.

제목 없음

달 없고 임 없는 이 밤
새오라면 그대로 새오기도 하겠지마는
孤獨에 싸인 이 心境 임 아니며 누구에게 말할 것인가
柊栢이 千年이라면 내 마음 알아줄까
아마도 달 뜨고 임 오실 때까지 기다릴까 하노라

尹直

〈표 2-61〉 '◎'

『전집 19』에 '무제(無題)'라는 제목으로 수록되어 있다. '번역시'로 기재되어 있는데 작자인 '尹直'이 누구인지는 불분명하다.

친필 시첩 원본

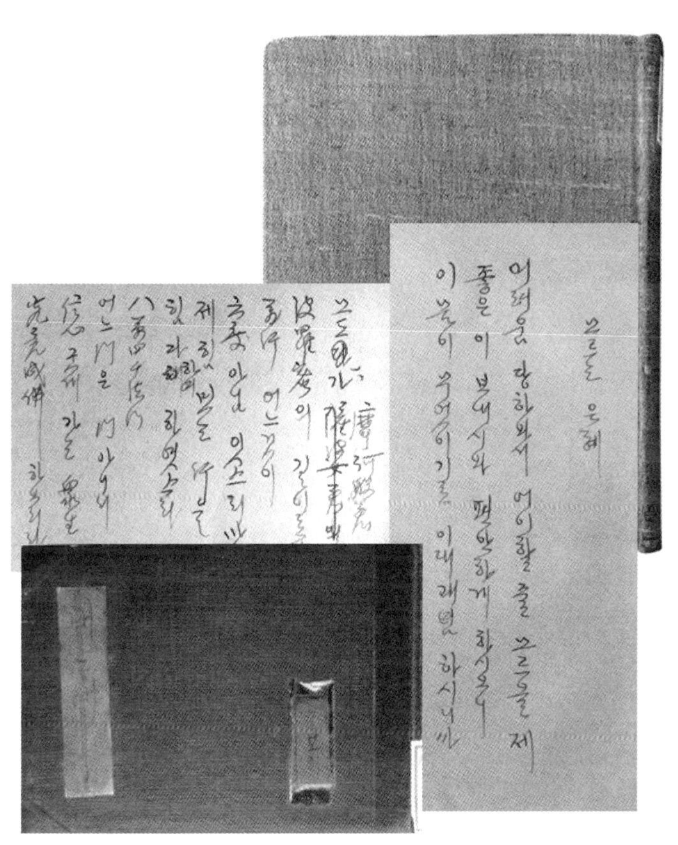

『내 노래』

표지

원본 표지 크기 155×193mm(27% 축소)

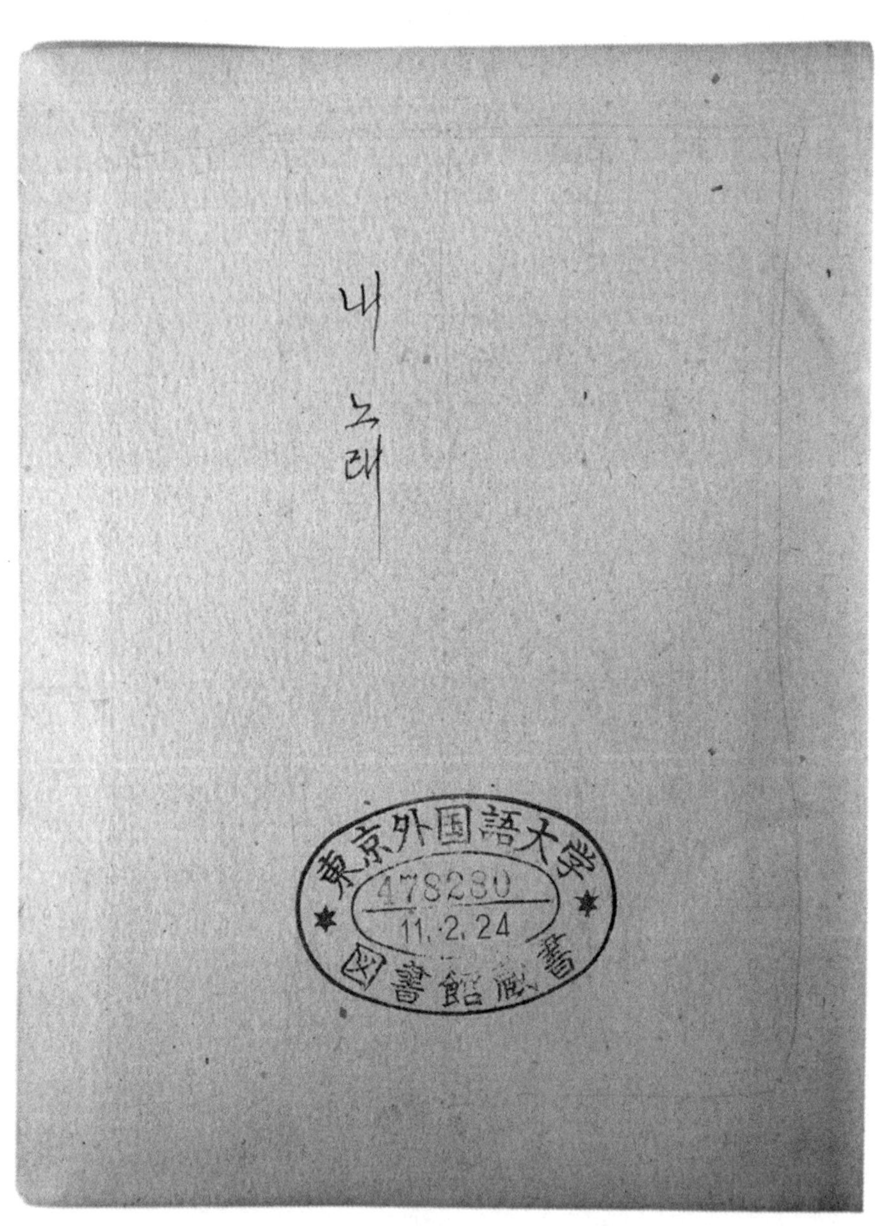

제목

원본 본문 크기 143×187mm(20% 축소)

지인의 이름

모를 은혜

어려움 당하와서 어이할 줄 모를 제
좋은 이 보내시와 편안하게 하시옵니
이 높이 우러러 기를 이내 재련 하시니까

본문 〈표 1-1〉

福

福이 貪慾으로 얻을 것이라 하오면
世上에 貧窮한이 있을 理가 없을 것이
布施와 寶貴의 因이 있을 알고보면 알리라
貪慾의 果에도 어찌라야 善業지어
절로 이룰 善業으로 온果報를 보는줄 모르고서
寶貴를 제 貪慾을 얻은인줄 알러라
今生 貧窮이 前生貪慾 果報인을
알기 곧 알뜰이면 戰慄할 만 하올 것이
來生의 무서운 貧窮을 착하 來生 가다보

본문 〈표 1-2〉

③ 略潤

病든 乞人

門前에 온 病든 乞人 [illegible]을 주어 쫓을 나니
내 집에 못 들여도 入院이나 시킬 것을
제 꼴 지질치 못함을 못내 慚愧하니라
앓는 날 목 앓거늘 病院을 가라고 가
診察한 藥을 주던 몇을 주어 동을 주어
보내고 돌아오는 길에 이 개 짖지도 않더라

추운데 온 病人을 우선 집에 들일 것을
繼續해 여는 病에 못 한 불을 일할 것을
옷 깃에 걸고 이 보고 가깝음을 개리니라

二月 품, 어떤 젊은 警備兵 같은 病든 사람이 내 집을 찾아
살려달라 하거늘. 그의 이름은 孫家昭에 알고, 金南基。
金南人。金泰로 온 [illegible]。 入院할 곳을 얻었고。 술을 보어
서 [illegible]錢 없이 되었는데고, 제가 개 같은 子息이라고 悲歎하면서
和光病院을 보내라。

본문 〈표 1-3〉

山河大地와 死生苦樂이

내 방소의 造化이라

공산이 공이 되고

파산의 꽃 피우나

業報의 끝을 잡이

황혼보다 더 세어라

눈 깜박 하는 결에

마음에 이나는 생각

이슬이 되어 千萬劫의

花果의 씨가 되나

어허 두려울지고

제 몸을 고삐를 단단히 잡아서라

본문 〈표 1-4〉 ①

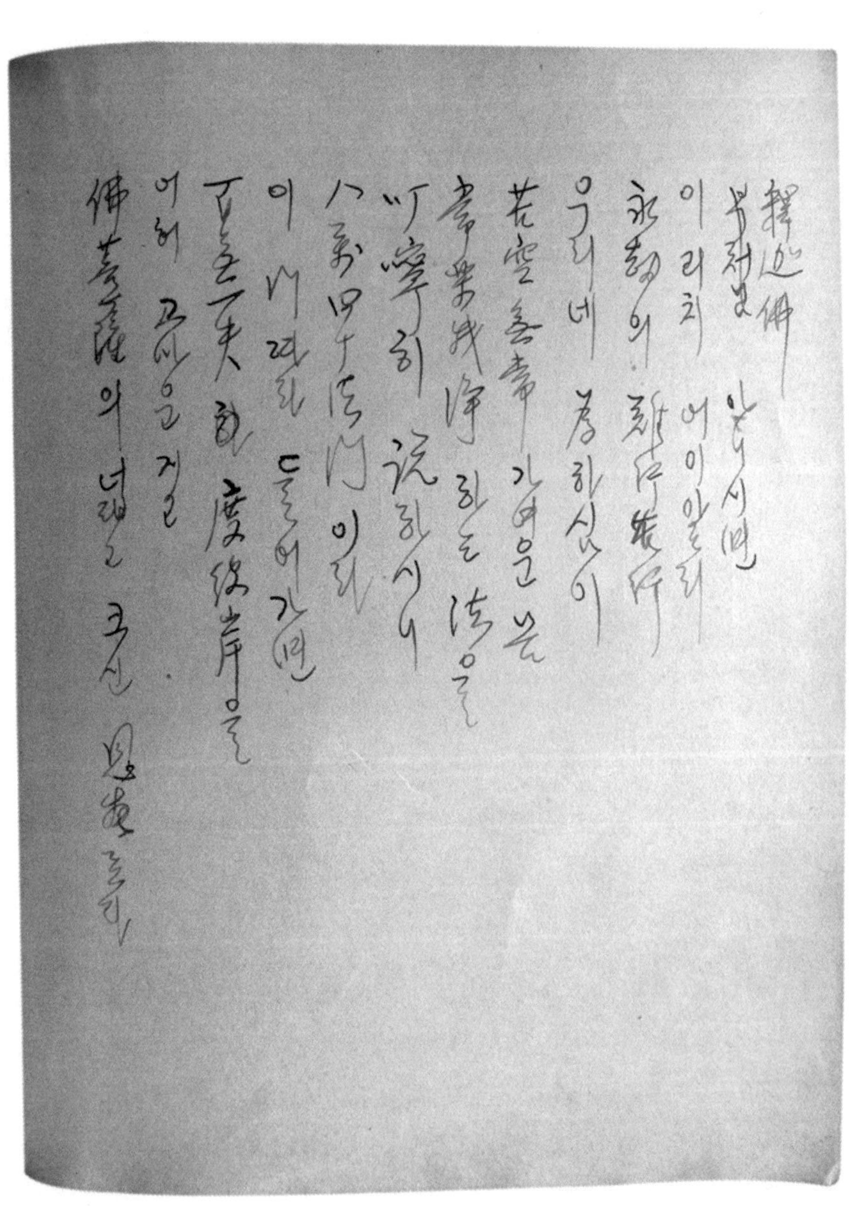

釋迦佛
부처님 아니시면
이러히 어이알리
永劫의 難行苦行
우리네 爲하신이
苦空無常 가여운 [illegible]
常樂我淨 하는 法을
叮寧히 說하시니
八萬四千法門 이라
이 門따라 들어가면
正覺[illegible] 度彼岸을
어허 고마운 지고.
佛菩薩의 넓고 크신 恩德 [illegible]

본문 〈표 1-4〉 ②

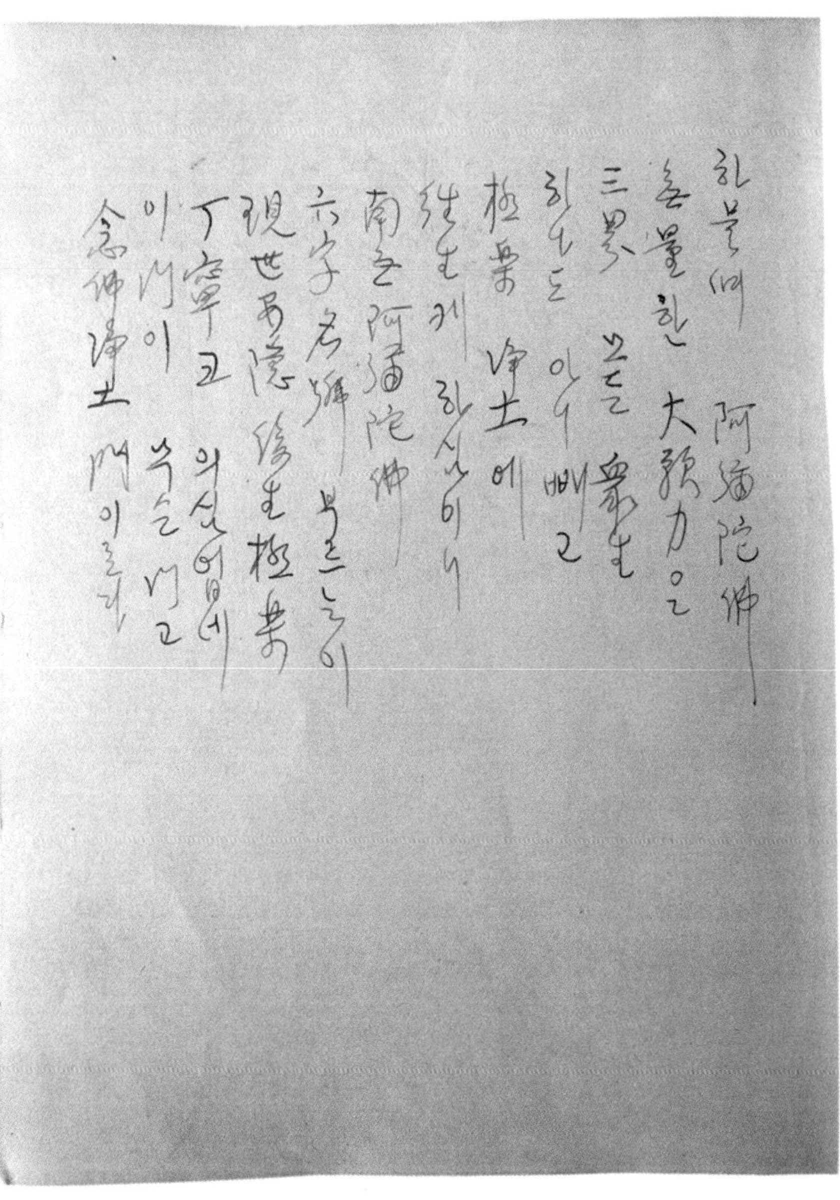

본문 〈표 1-4〉 ③

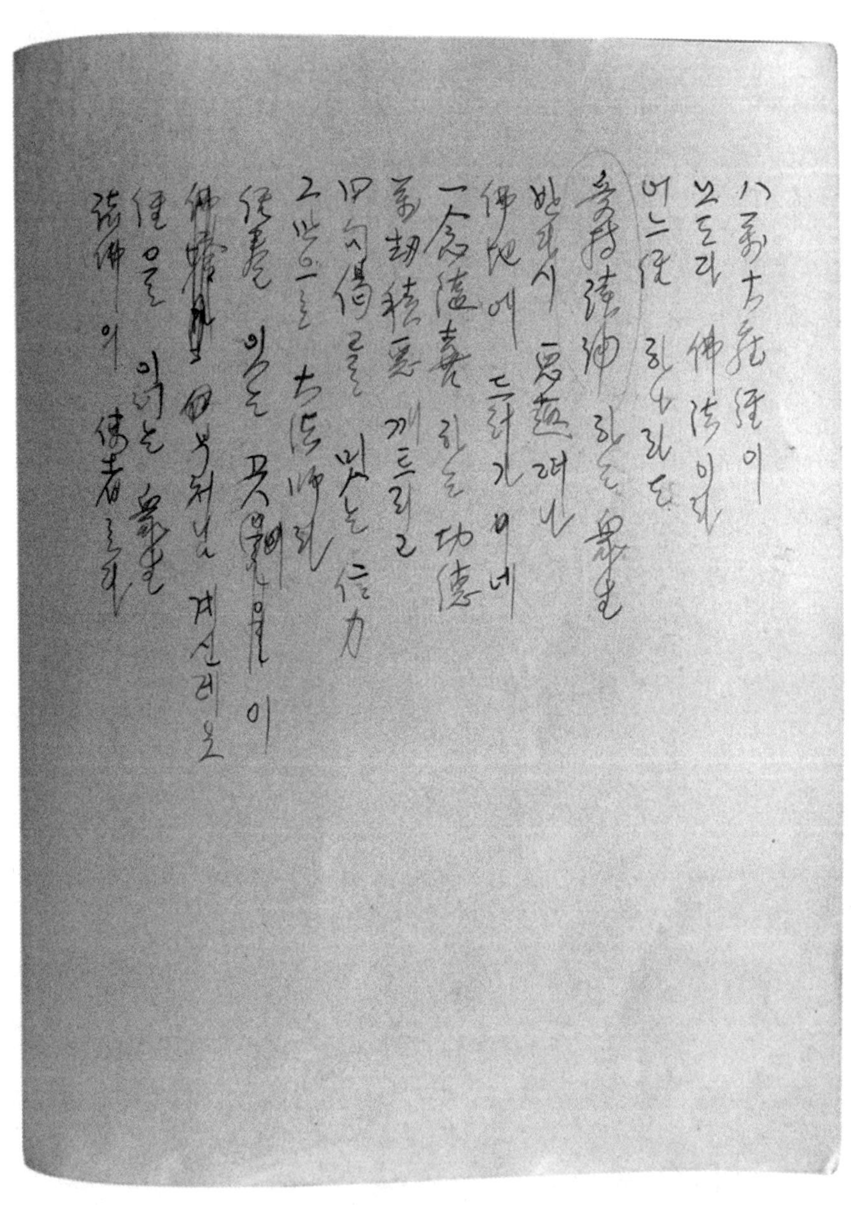

본문 〈표 1-4〉 ④

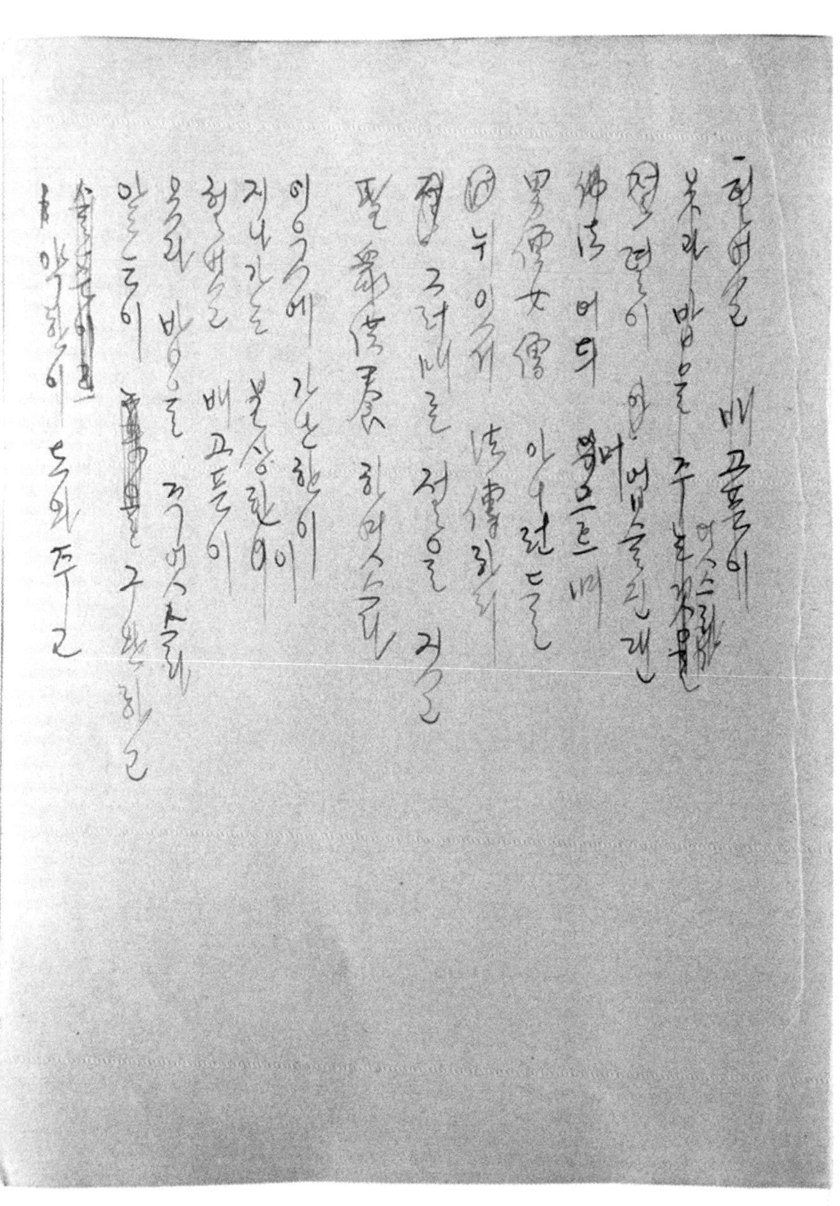

본문 〈표 1-4〉 ⑤

남을 위해 하는 일이
善 布施行이니라
財物이 없을진댄
善業 없을 것가
이 善한 노릇
道라 지는 本職이니
道를 위해 쓰고 버린
善者 職이 아닌가
國城妻子 없을진댄
頭目身肢 布施하리
身命을 布施할진댄
더 큰 布施 이 없을 노라

본문 〈표 1-4〉 ⑥

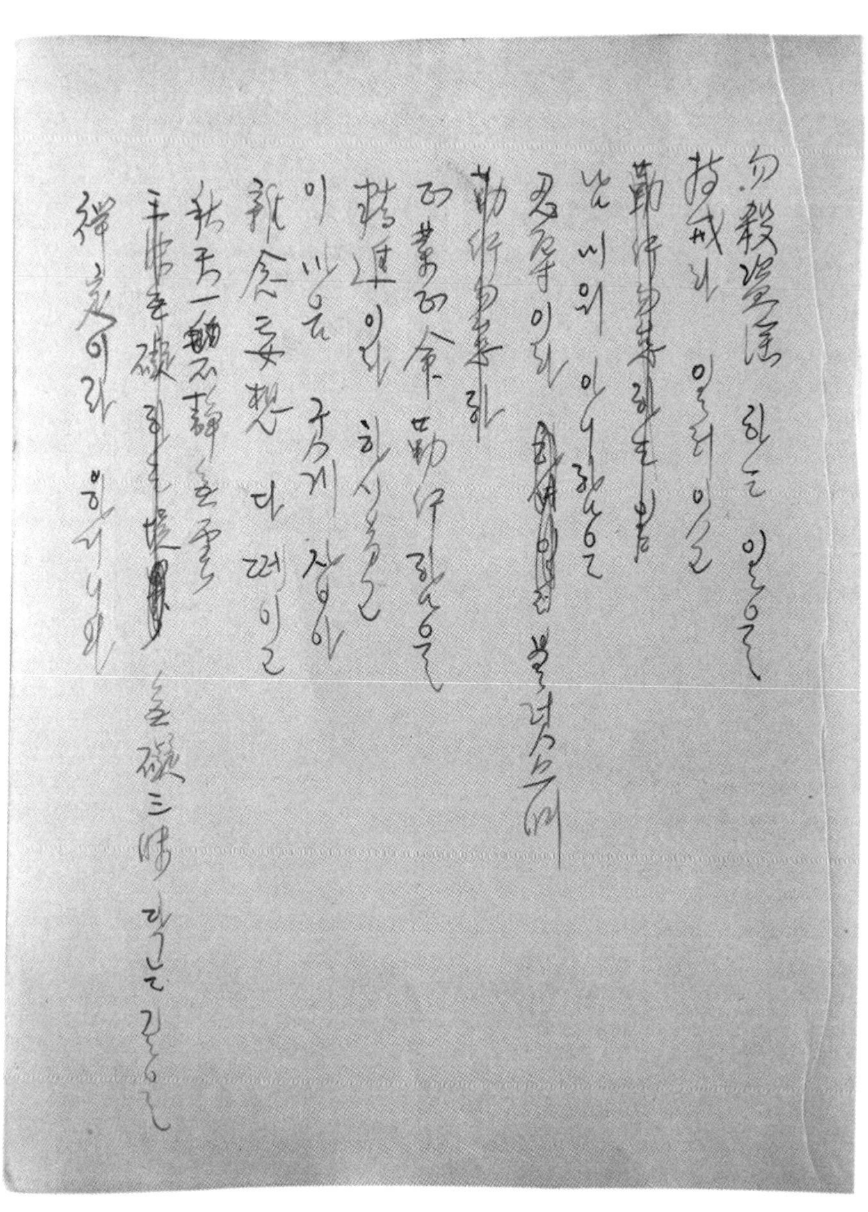

본문 〈표 1-4〉 ⑦

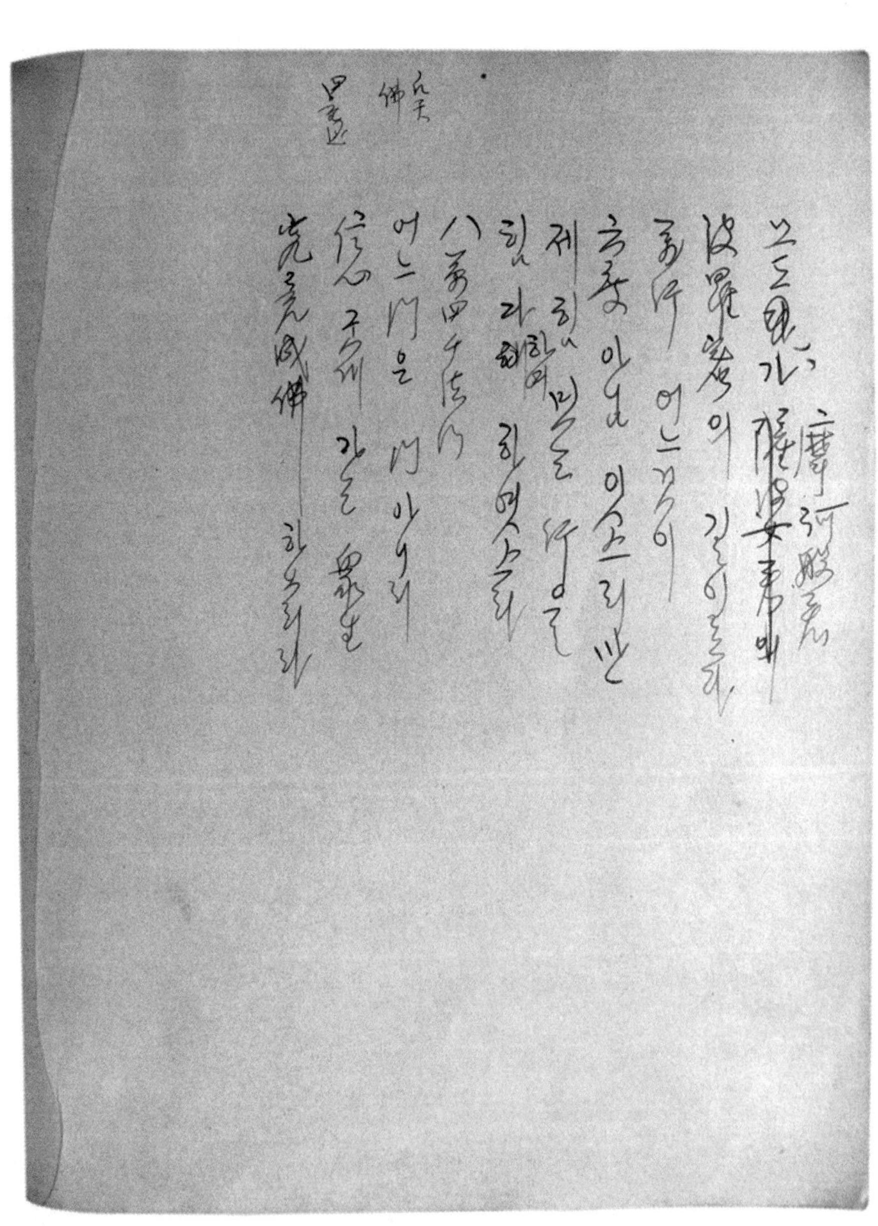

본문 〈표 1-4〉 ⑧

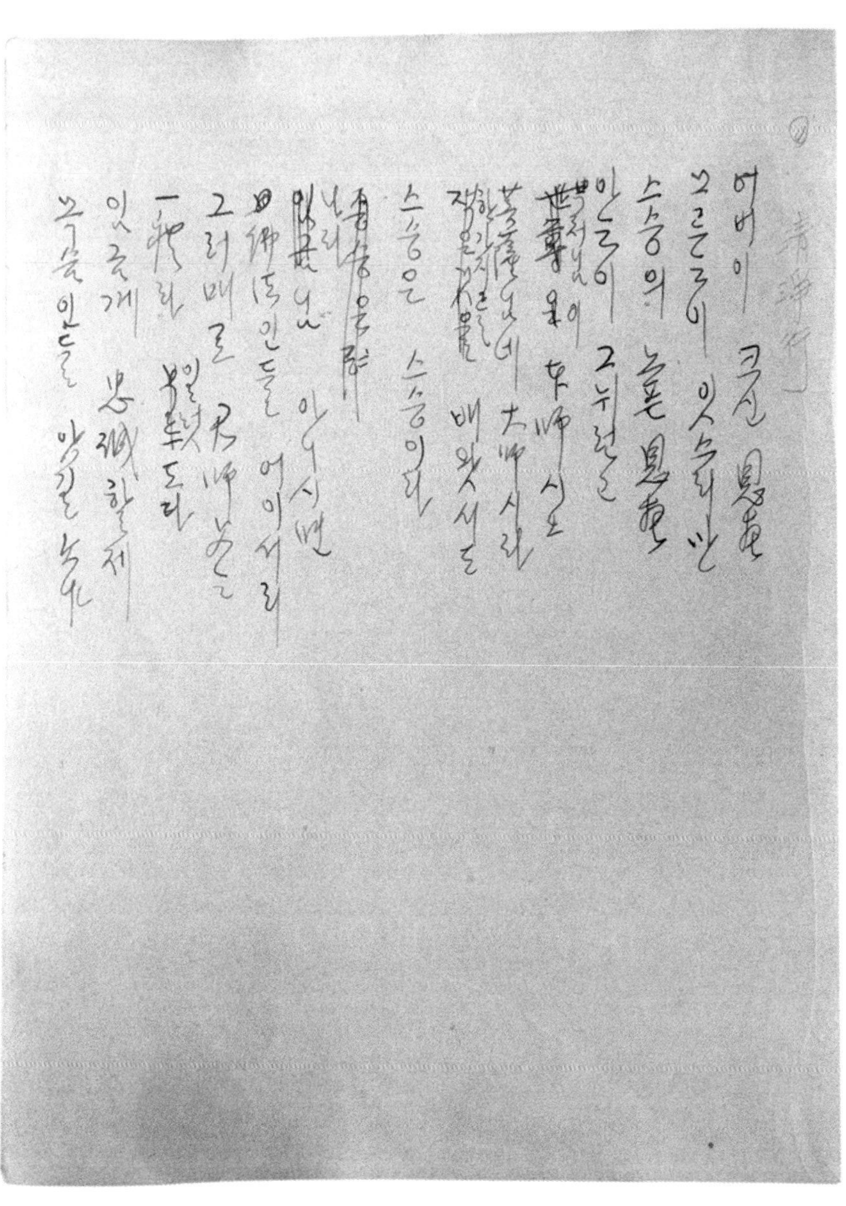

본문 〈표 1-5〉 ①

어버이게 孝道할제
修道밧게 닥이시니
안을 딸어 쌓은 功德
父母 受하네
우리 먹고 입고 쓴 것이
모도 衆生 수고로다
입에 드는 밥 한알을
절하고 먹었스리 생각하면
四恩恩 갚을길이 어디
極樂을 바랄손가
天地父母衆生恩을
経史나 이룰세라
한숨두숨 쉬는 숨이
報恩感何 [illegible]로다

본문 〈표 1-5〉 ②

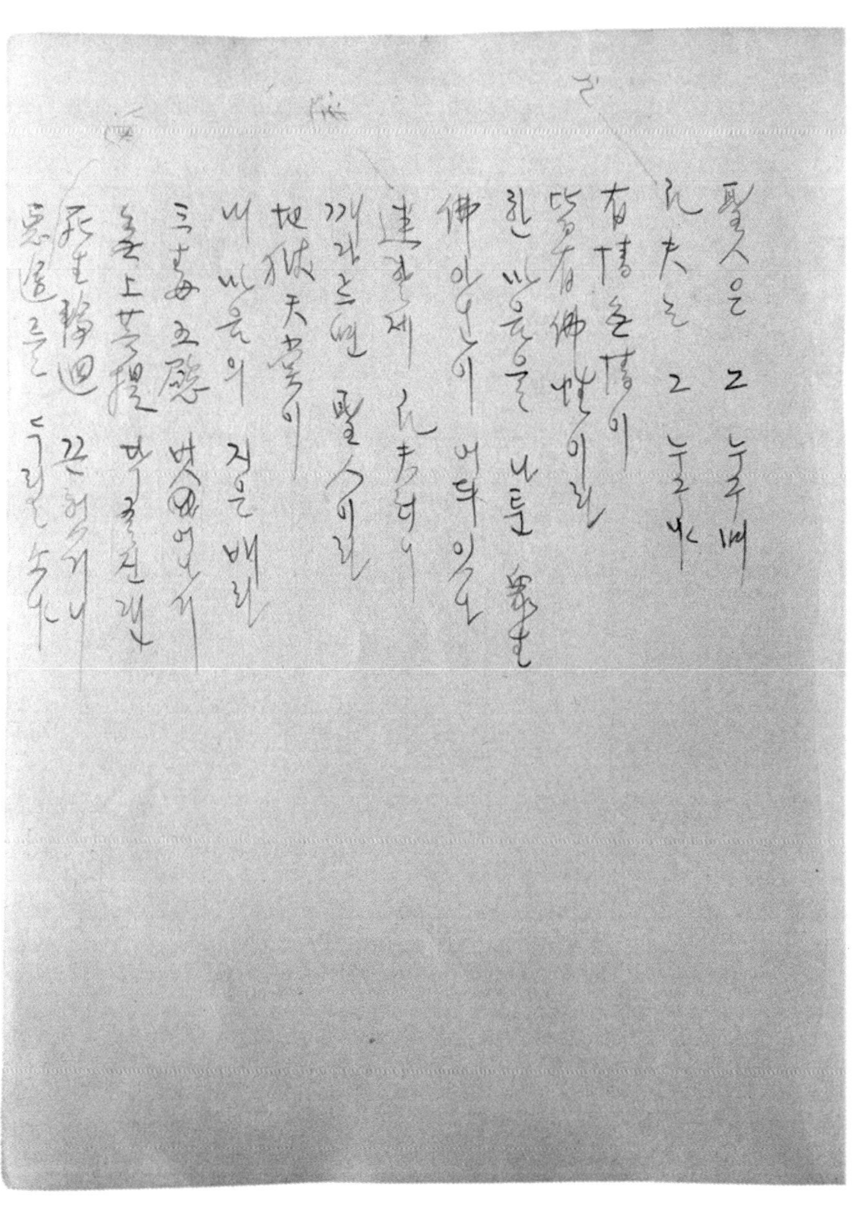

본문 〈표 1-5〉 ③

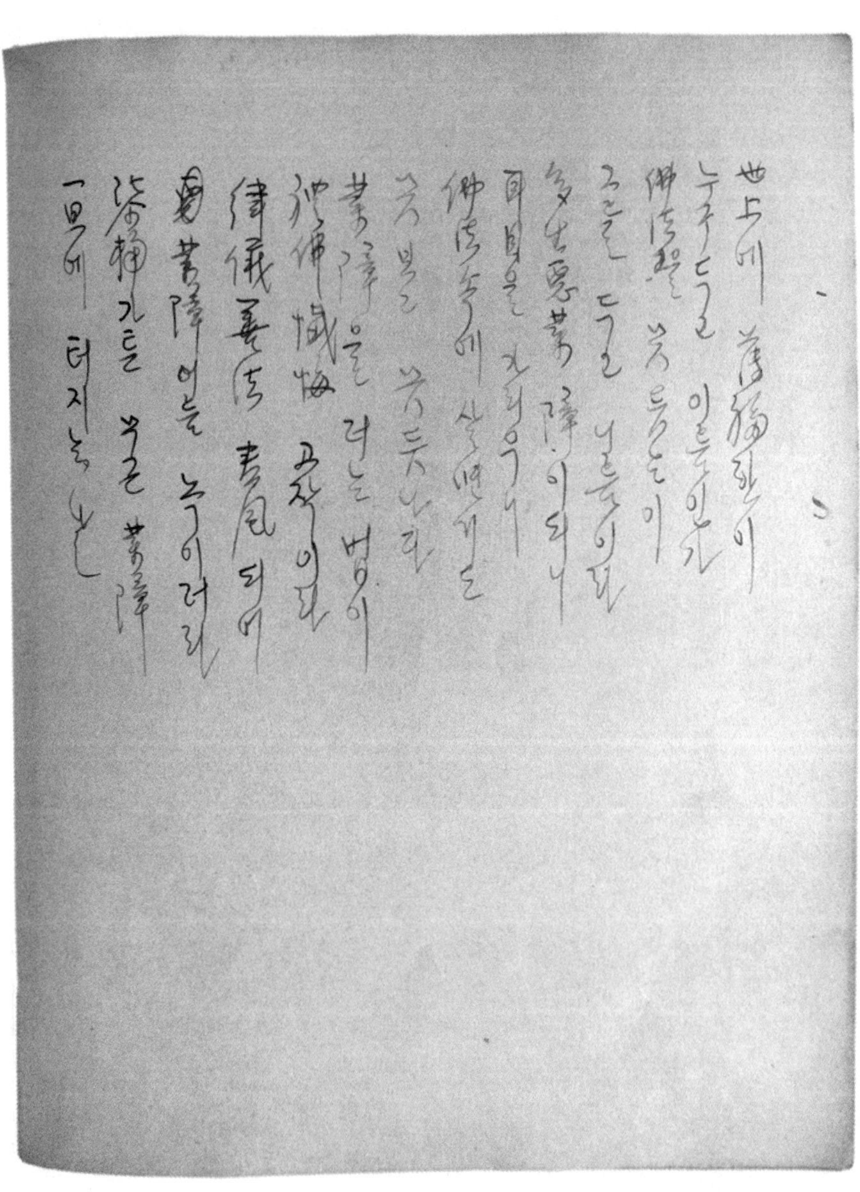
世上에 善福한이
누구누굴 이른인가
佛法을 못듣는이
그는 도를 닐는이라
多生惡業障이 되니
耳目을 가리우니
佛法会에 살면서도
못보고 못듯나라
業障을 더는 법이
神佛懺悔 고적이라
律儀善法 表見되며
惡業障 어는 누구러라
法輪가든 못곤 業障
一旦에 터지는 날

본문 〈표 1-5〉 ④

光明日月 날 由法界
自由自在 의 새로우나

佛道를 닦는 사람
부어으로 앞길이는
그 얼굴에 빛이 나는
눈에서는 香이 나네
마디마디 깃븐 주로
거룩거룩 공로 피네
慈悲心을 품엇스니
눈엔 미움 잇슬 손가
淸淨行을 닦갓스니
거룩을 꾸 헛세다
五慾煩惱 滅한 사람
諸天도 恭敬커든

본문 〈표 1-5〉 ⑤

본문 〈표 1-5〉 ⑥

지아비는 지아비길
지어미는 지어미길
아들 딸을 각각 제길
저근 닥근 서로 닥가
和睦도 하거이오
天神地神 도으시고
~~佛~~菩諸佛菩薩 지키시니
子孫昌盛하고
萬事亨通하오리라
佛法을 닥는 나라
그 나라이 어려라는
백성은 다 忠臣이오
아들 딸은 孝子로다

본문 〈표 1-5〉 ⑦

본문 〈표 1-5〉 ⑧

본문 〈표 1-5〉 ⑨

뒤표지

『내 노래 上』

표지

원본 표지 크기 147×106mm(12% 축소)

원본 본문 크기 141×100mm(10% 축소)

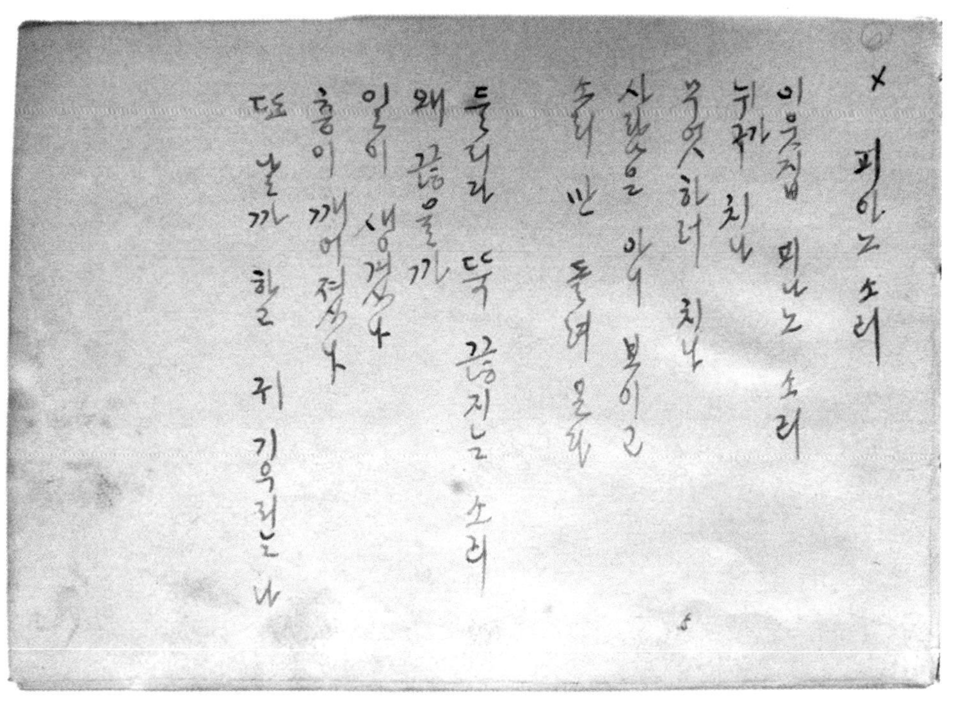

× 피아노 소리

이웃집 피아노 소리
누가 치나
무엇하러 치나
사람을 아니 보이고
소리만 들려 오네

들리다 뚝 끊지는 소리
왜 끊을까
일이 생겼나
흥이 깨어졌나
또 날까 하고 귀 기울리는 나

본문 〈표 2-1〉

기침

기침은 왜 날
잠들만하면 나는 기침
겨울 깊은 밤에
야속히도 괴롭히는 기침

이불을 두르고 앉아도
추위는 스며드는데
새벽 고요한 어둠 속에
혼자 기침을 길게 앉았는 나

가슴은 답답하는
숨은 고달프고
기침으로 밤을 새운 나
기침은 왜 나노

본문 〈표 2-2〉

세상

세상도 소란도 하다
신문만 떠들썩 가슴 울렁
온동리 또 몇일 종을 맞았나
온동리 또 몇일 폭죽을 켰나

세상도 소란도 하구나
반가운 소리 울리지도 오래고
기쁜 날 불놀도 아득하다
새날은 하나씩 새 적성을 날라온다

입춘이 지난 추운 겨울이 갈
연둣한 양춘이 돌아오듯이
미물과 인우성의 소란한 세상에
사랑과 화평의 좋은 날도 오라나

5

본문 〈표 2-3〉

본문 〈표 2-4〉 ①

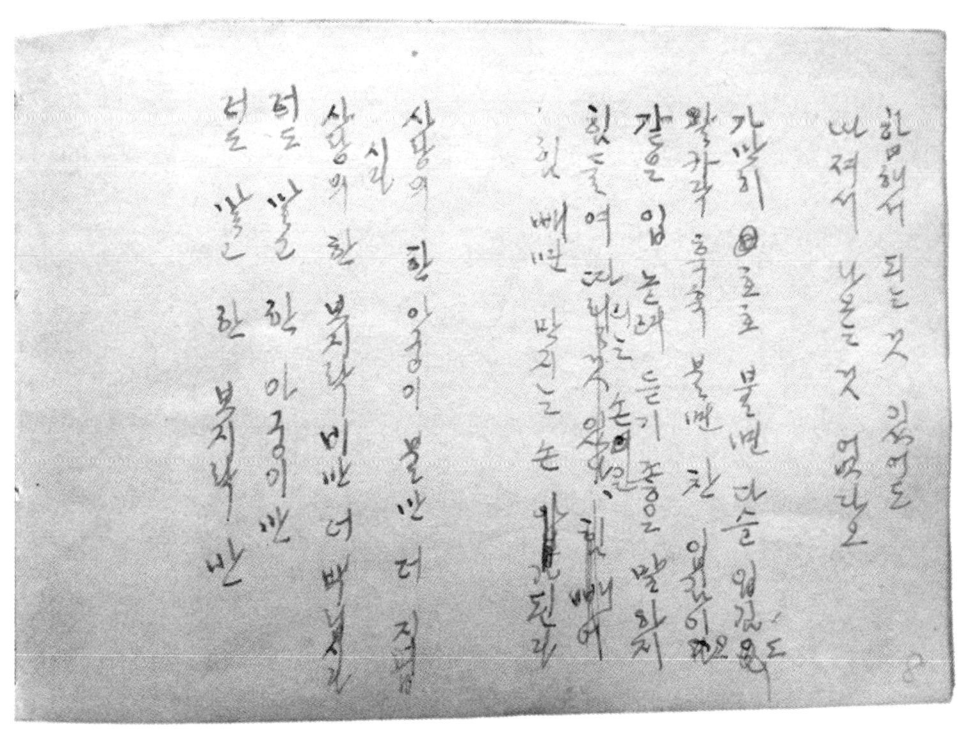

험해서 되는 것 있어도
빠져서 나올 것 없다오

갈은 입 눈과 듣기 좋은 말하지

사당의 한 아궁이 불만 더 지펴
시린
사당의 한 보자락 비만 더 바녀서
허도 빛을 한 아궁이 만
너도 빛은 한 보자락 반

본문 〈표 2-4〉 ②

왜

사람이 왜 사람을 죽일까
낳지도 못 하는 것을
가만 두어도 죽을 것을
왜 쏘고 찌르고 목매어 죽일까

개

개끼리는 안 죽이던데

사람이 왜 남 싫은 소리를 할까
목하고 숭불 미간 부칠까
같은 값이면 듣기 좋은 말로
얼마 못 살 세상을 기쁘게 왜 못 할까

말못하는 짐승이 부러워라

사람이 왜 서로 미워할까
미워하는 사람은 못 잘
미움 받는 사람은 잘 것을
미워하는 자는 미움을 받을 것을

본문 〈표 2-5〉 ①

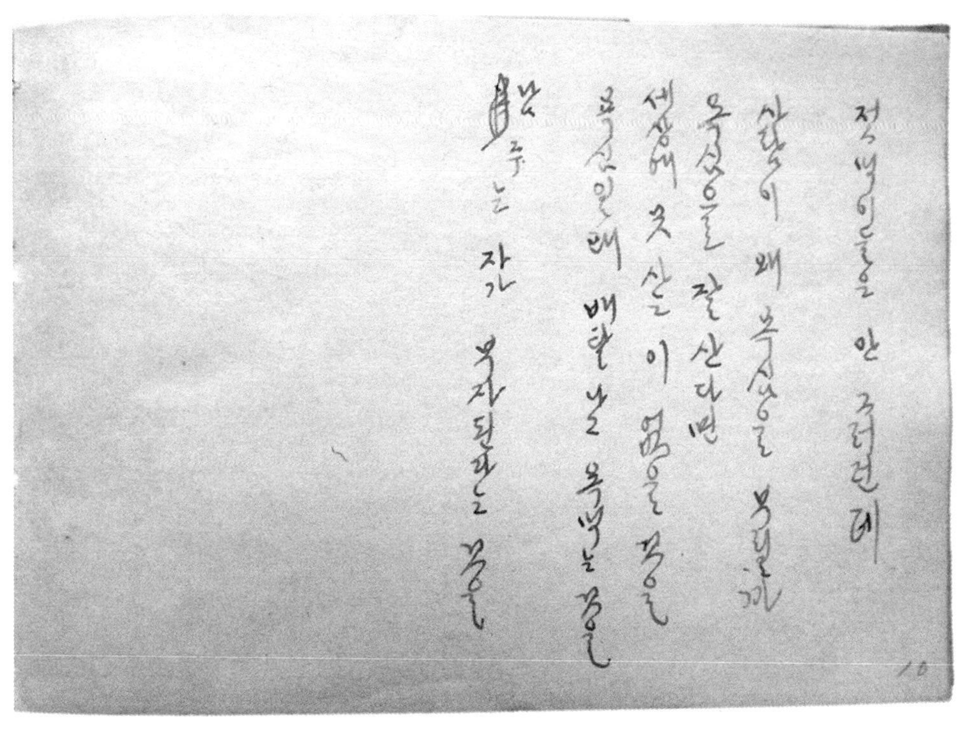
젖먹이들을 안 주려는데
사람이 왜 욕심을 부릴까
욕심을 잘 산다면
세상에 못 살 이 없을 꿈을
욕심일 때 배탈 날 욕부는 꿈을
남 주는 자가 부자된다는 꿈을
10

본문 〈표 2-5〉 ②

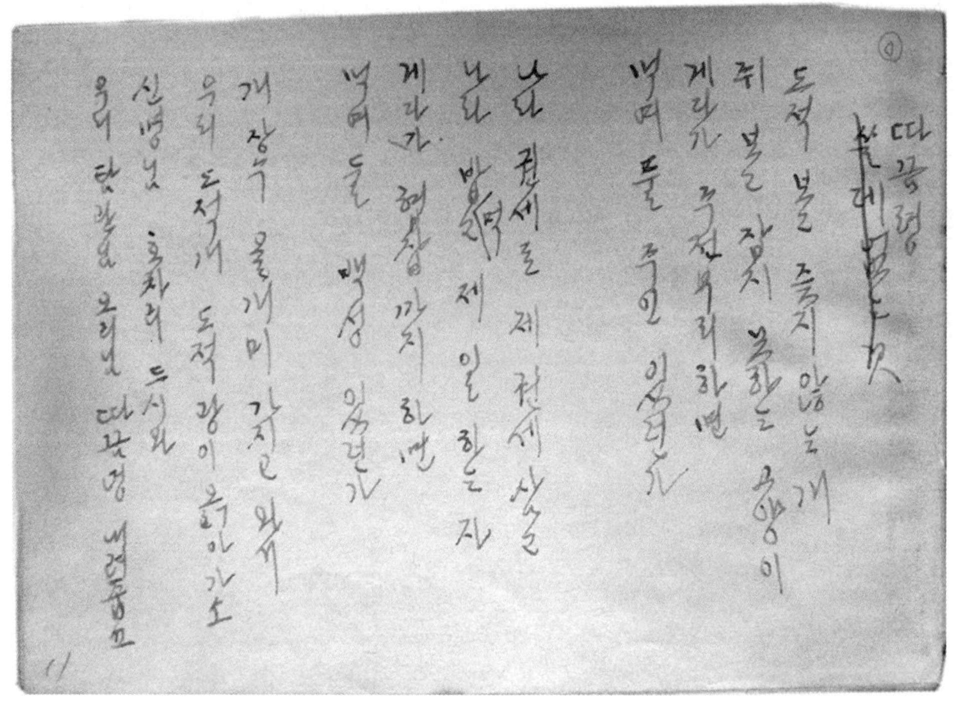

본문 〈표 2-6〉

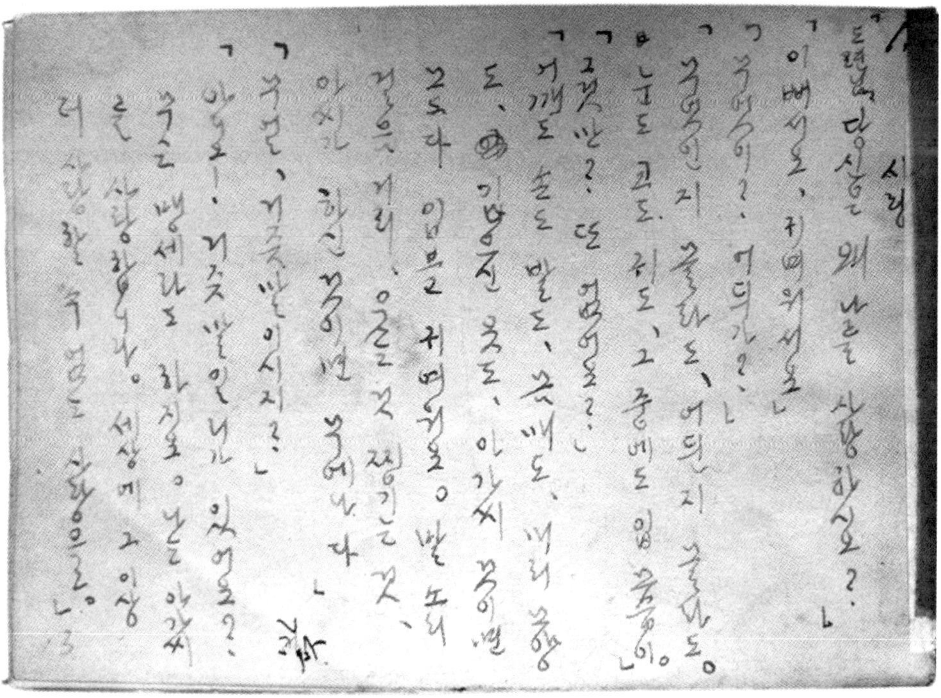

본문 〈표 2-7〉 ①

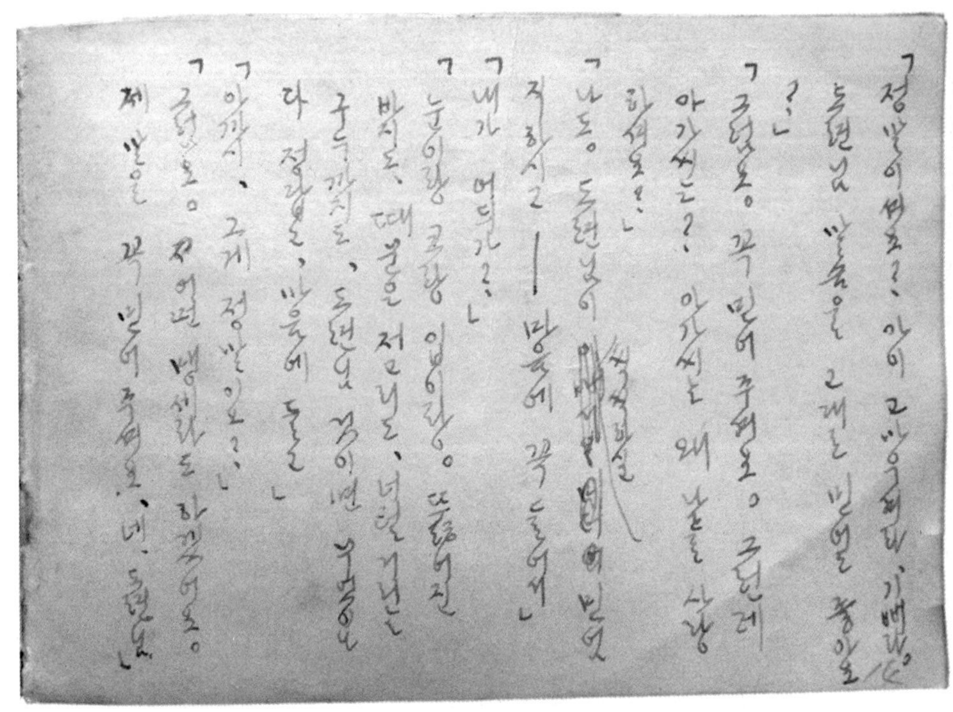

「정말이세요?, 아이 고마워라, 기뻐라。
도련님 말씀을 그대로 믿어도 좋아요
?」
「그럼요。꼭 믿어 주세요。그런데
아가씨는?, 아가씨는 왜 날 사랑
하세요?」
「나도。도련님이 [illegible] 말씀 믿어
지하시고 ― 방울에 꼭 들어서」
「내가 어디가?」
「눈이랑 코랑 입이랑。또 떨어진
바지도, 때묻은 저고리, 너덜거리는
구두까지도, 도련님 것이면 무엇이나
다 정답고, 방울에 들고」
「아가씨, 그게 정말이요?」
「그럼요。저 어떤 맹세라도 하겠어요。
제 말을 꼭 믿어 주세요, 네, 도련님」

본문 〈표 2-7〉 ②

「아가씨, 고마우셔라 기뻐라. 아가씨와 이렇게 함께 있으면 세상이 이 환하고 훈훈할 어딘지 모르게 향기가 돌아올 것 같아요. 이것이 행복이란 것이겠지요?」

「나도 도련님 나도 그래요. 도련님이 곁에 계시면 어머님 품에 안긴 어린 아기와 같이 편안하고 든든하지 무서운 것이 없고 그저그저 기쁘기만 해요. 이것이 사랑이란 것일까?」

「그래요, 늘 아가씨 곁에 있고 싶고 아가씨를 바라보고 싶고 아가씨 목소리를 듣고 싶고 아가씨를 만져 보고 싶고, 언제까지나 아가씨를 떠나지 말고 싶고 — 그러

본문 〈표 2-7〉 ③

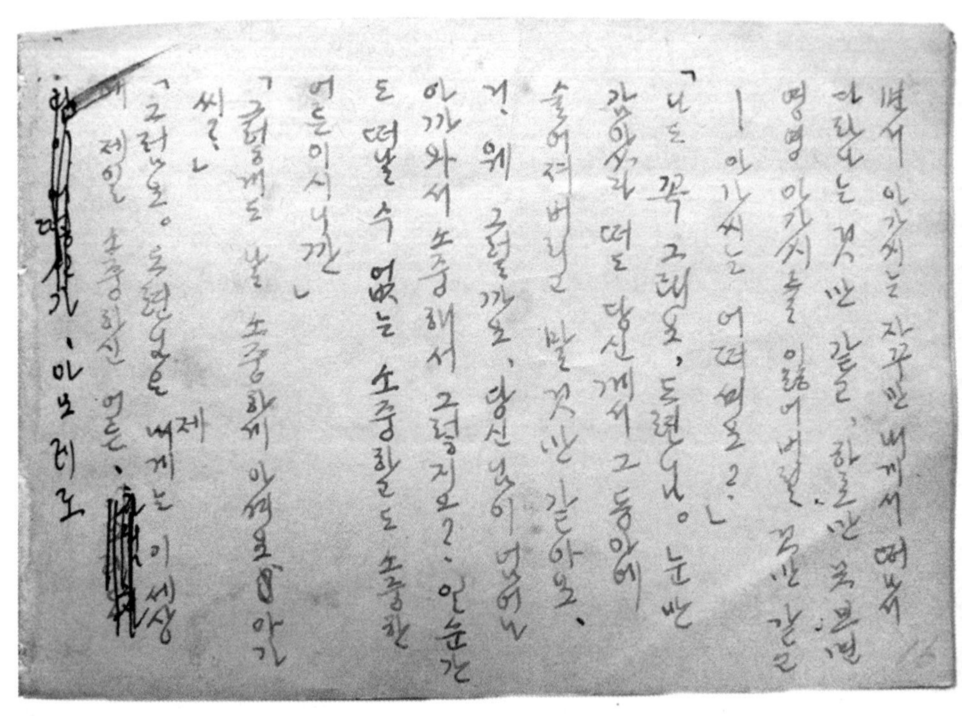

버서 아가씨는 자꾸만 내게서 떠나서
아랑는 것만 같을, 하로만 꼭 보면
영영 아가씨를 잃어버릴 것만 같은
─ 아가씨는 어떠세요?」
「나도 꼭 그래요, 도련님. 눈만
감아도 떠날 당신께서 그 동안에
숨어져버리실 것만 같아요、
거, 왜 그럴까요、당신 넋이 넘어는
안까와서 소중해서 그렇지요? 한순간
도 떠날 수 없는 소중할도 소중한
어른이시니깐」
「그렇게도 날 소중하게 아세요. 아가
씨?」
「그러문요. 도련님은 내게는 이 세상 제
제일 소중하신 어른、[illegible]
[illegible]가、아노리로

본문 〈표 2-7〉 ④

비길 수 없이 소중한 어른이 돼요。
저는? 저는 어떻게 생각하셔요、도
련님?」
「나도 그렇게 생각하지요、아가씨는
하늘에도 땅에도 아무데도 비길수 없는
소중하디 소중한 양반이지요。
그러니까 사랑이지요。 그러나 아가씨
이 사랑이 얼마나 오래 갈까? 아가씨、
당신의 사랑은 얼마나 오래 갈라 고
생각하세요?」
「아이 도련님도、그게 무슨 말슴이요。
제 사랑이야 한생전 가죠、죽을 때까지。
죽은 뒤엣 일은 모르지 만。 도련님
의 사랑은 안 그래요? 얼마 안 가서
변할 것 같아요? 아이 그러면 날
어찌하나?」

17

본문 〈표 2-7〉 ⑤

「아가씨、울기는 왜 우세요?」
「도련님 사랑이 변한다면 어떻게해요?
그러면 저는 죽을테예요.」
「내 사랑이 변할 [illegible] 리야 있겠어요?
영원히、영원히 안 변할 [illegible]지요.」
「그러면 왜? 왜 그런 슬픈 소리를 하세요?」
「세상을 보니까 안 죽는 사람 없듯이
안 변할 사랑도 없드군요. 더욱 젊은
시절 때가 있고 젊었던 것은 늙을
때가 있죠. 그러니 아가씨의 젊을 뜨거운
사랑은 늙을 식을 날이 있을 것 같단 말야
요. 봄 청춘이 인생의 봄이듯이 사랑은
청춘의 꽃이 아니겠어요? 꽃이라면
빛이나 향기나 화사하기는 잠깐이지、
잎을 질 날이 있을 거 아녜요? 그러니
까 걱정이 된단 말예요」

본문 〈표 2-7〉 ⑥

3.

아니오, 아니오, 아니오. 날이 어렵
든지 내 사랑 빛은 변치 않오. 내
사랑이 꽃이나 별 이울지도 않고
지지도 않는 꽃이요 또 별이오.
당신의 사랑도 그렇고 그 하시오,
네. 그녀와 그 빛은 하여요」
「내가 사랑하는 당신께 어떻게
거짓 말을 하겠어요? 그렇지만
사랑이 이울기도 지기를 할 때를
또 올 귀한 것이 아니오. 꽃이
말없이 언제까지나 꽃대로 있을
뿐 그 꽃은 더욱이 시들겠지요. 들을
꺾어서 받는 죽은 꽃이거나. 별
도 잠깐 빛나고도 잠깐이니까 귀한 것
이지요」

19

본문 〈표 2-7〉 ⑦

난 싶어요, 난 싶어요. 그런 사랑은
난 싶어요. 내가 원하는 사랑은 언제
까지나 언제까지나 평평 변치않는
사랑이에요. 이울지도 지지도 않는
사랑 빛같은 애요. 도련님 안 그래요?
꽃이 이울고 져야 열매가 맺지 않아
요? 아들도 낳고 딸도 낳고. 그 때에는
아가씨와 도련님과의 불타는 사랑의 꽃
은 지고 아내와 남편의 사랑, 어머니
와 아버지의 사랑의 잎이 피겠지요.
잎은 강물에 서리가 와서 떨어질 때
라 잎을 때 까지 이울지도 않고 지질
않겠는요. 아가씨와 도련님의 사랑이
언제까지 계속된다면 그런 청승이 어디
있어요? 그런 흉물은 어디 있어요?」
「그럴까, 지금 내 가슴에 타오르는 이

본문 〈표 2-7〉 ⑧

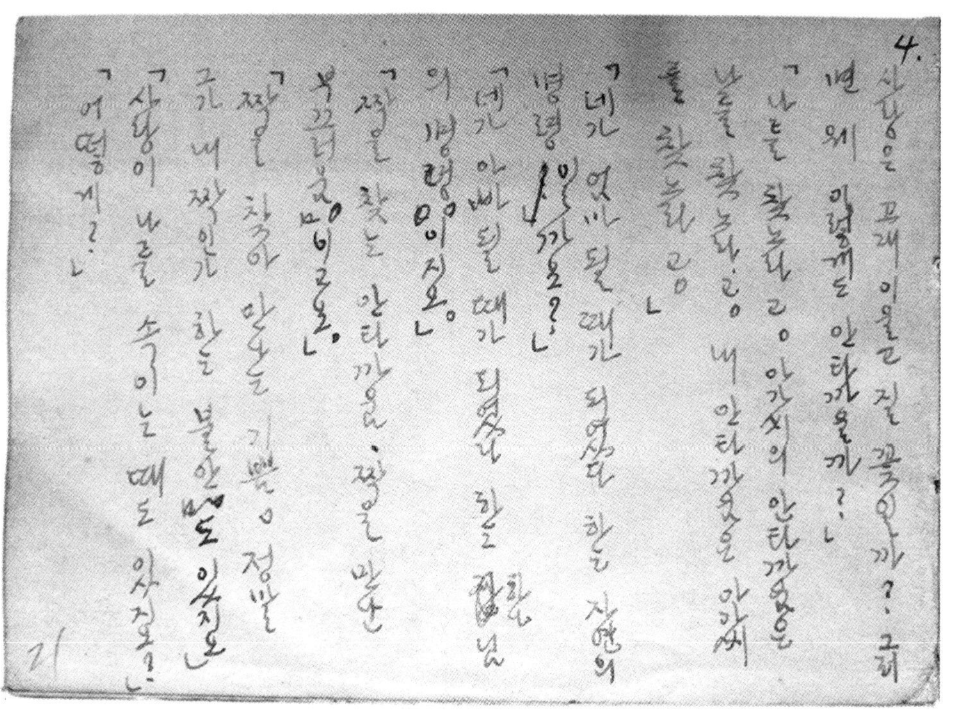

4\.
사랑은 끝내 이룰길 꿈일까? 그러
면 왜 이렇게도 안타까울까?」
「나는 찾는다고. 아가씨의 안타까움은
날 찾는다고. 내 안타까움은 아가씨
를 찾는다고.」
「네가 엄마 될 때가 되었단 한 자연의
명령일까요?」
「네가 아빠 될 때가 되었단 한 [illegible] 님
의 명령이지요.」
「짝을 찾는 안타까움, 짝을 만난
부끄러움이로오.」
「짝을 찾아 맞나는 기쁨. 정말
그가 내 짝인가 하는 불안함도 있지요」
「사랑이 나를 속이는 때도 있자요!」
「어떻게?」
21

본문 〈표 2-7〉 ⑨

「사랑해선 안 될 사랑을 사랑하
는 수도 있지 않아요? 그래서 많은
비극이 일어나지 않아요. 그러니깐
사랑은 숙명이라고 그러지요?」
「그러니까 급히 하지 말아야지요. 이리
살펴보고 저리 살펴보고 골르고 골라야지
요. 사랑을 속이는 사내도 있을
까요. 사랑의 연극배우가 되는 사내도
있을까요. 아니 여자 중에도 그런
이가 있을 거예요. 그러니까 사랑은
그 속이지도 말고 사랑에 속지도
말아야지요. 그물을 드리려다 그
밖을 끊어버려서는 안 되지요. 누구
냐, 어디서 왔으며 무슨 일로 왔느냐
잘 물어보고, 그 음성으로도 많이
가 있으면 판단할 수 있는 구멍은
있도 내가 보아서 어떤 생각 생긴, 어떤

본문 〈표 2-7〉 ⑩

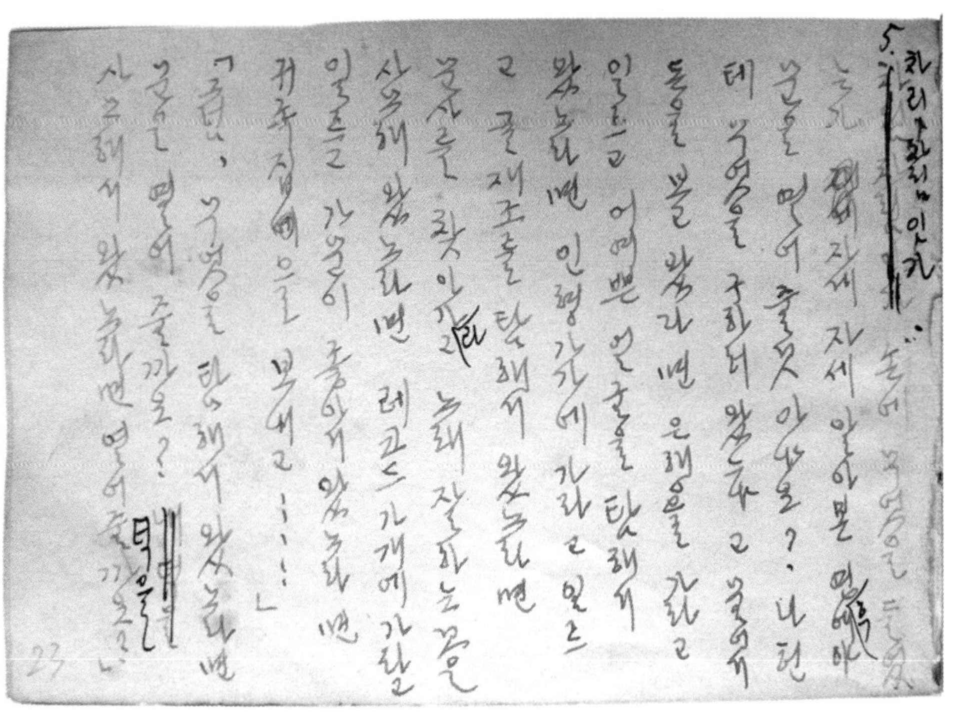

5. [illegible] 인가?

[illegible] 자세 자세 알아볼 [illegible]

무엇을 얻어 줄것 아실오?, 나한

테 무엇을 구하러 왔는가 그 물어서

돈을 불러 왔다면 은행을 가라고

일르고 어여쁜 얼굴을 탐해서

왔는다면 인형가게에 가라고 일르

고 글재주를 탐해서 왔는다면

목소리 [illegible] 노래 잘하는 꾀꼬리

살해 왔는다면 레코드 가게에 가란

일르고 가옥이 좋아서 왔는다면

귀족집에로 보내고……!」

「그럼, 무엇을 탐해서 왔는다면

꿈을 열어 줄까요? 덕을

사모해서 왔는다면 열어 줄까요?

23

본문 〈표 2-7〉 ⑪

「아니옹. 덕을 사모해서 왔는 [illegible]
면 절이나 예배당으로 가라고 그러
옹.」
「그러면, 아가씨의 행복을 위하여
내 복을 바치려고 왔읍니다. 이렇
게 말하면 복을 열어 주어요?」
「아니오. 그렇게 자선심이 있거든
나 같이 박정한 사람헌테 오지 말
고 양눈이나 곰보이나 병신거지
헌테 가 보라고 그러지옹」
「그럼, 내가 아가씨가 그리워서 죽겠
어서 왔노라고 하면?」
「에끼, 못난 작자! 하고 상판
에 가래추침을 탁 뱉아 보여옹. 그래
추근추근 졸르거든 집에 불러드
려서 마당이나 쓸리고 빨래나 [illegible]

본문 〈표 2-7〉 ⑫

그러고 아가씨 자시던 식은 밥이나
한 덩어리 주어서 먹여 보내셔요.
밥을 빌어 입혀는 못하게 된 어머
니께 입을 옷은 한 벌 주어 보내셔도
좋고요.」
「호호호호, 하하하하. 그런 도련님께
제가 한번 그렇게 해 보오?」
「그러시지요. 못난 사내는 사랑을
아니 하는 것이 좋읍니다. 그런 사내는
혼자 늙어 죽어야 되던데요. 세상에
못 나와 씨를 안 남기도록.」
「그러나 아가씨를 어떤 도련님은
사랑해야 되어요? 어떤 사내가 문을
두들릴 때에 열어주어야 해요?」
「아가씨는 이런 사내를 사랑하시오.
25 아가씨, 내 본 아가씨가 내 마음에 드오.

본문 〈표 2-7〉 ⑬

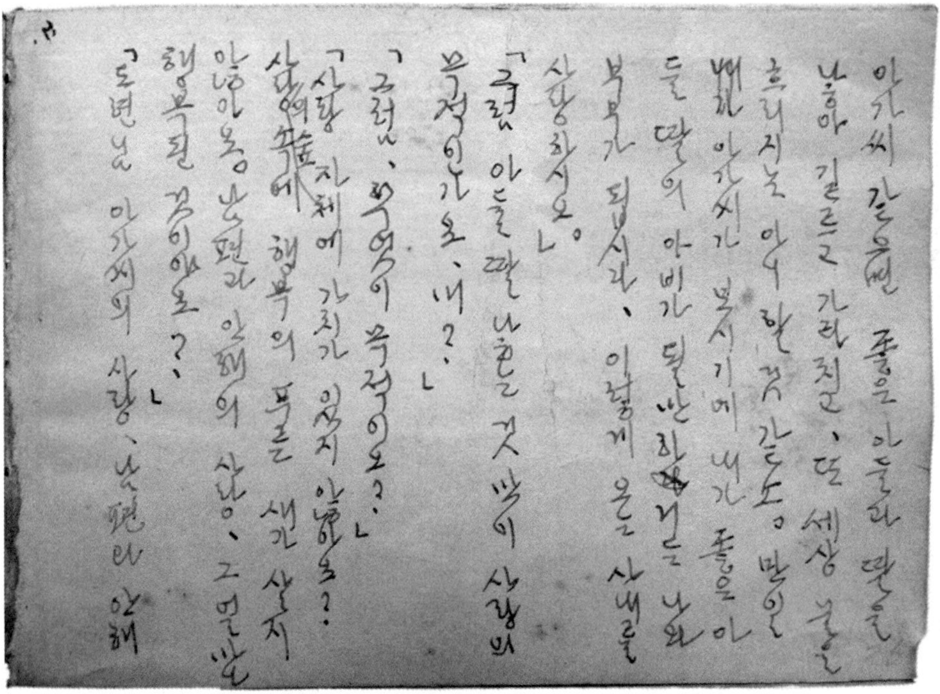

본문 〈표 2-7〉 ⑭

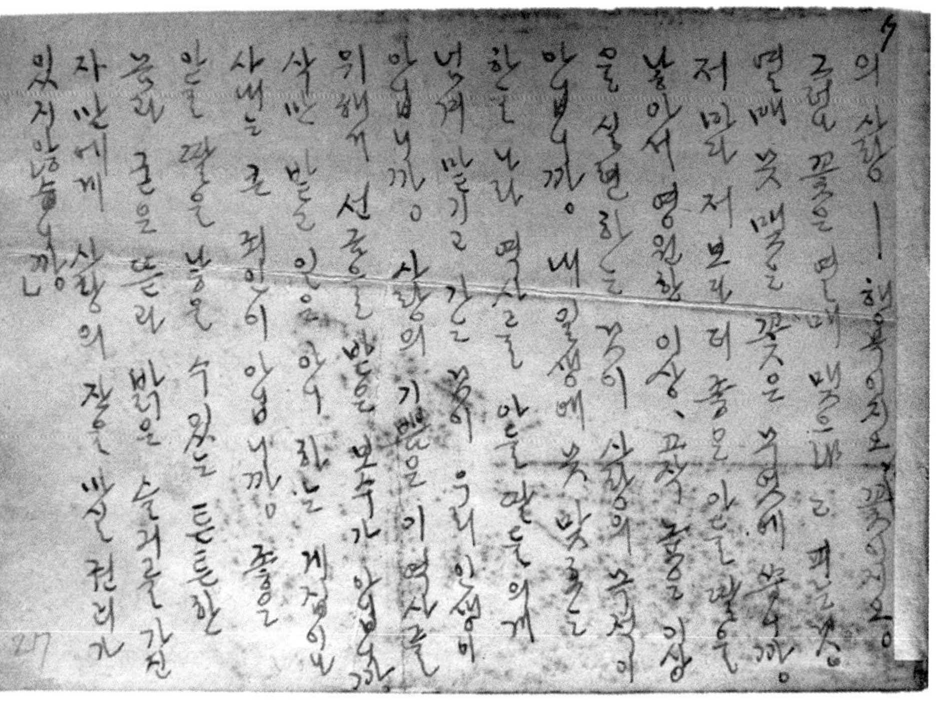

의 사랑 — 행복이지요. 꽃이지요.
그런 꽃은 언제 맺으며 피는 것일
열매 못 맺을 꽃은 무엇에 씁니까.
저 멀리 저 보다 더 좋은 앞날을
놓아서 영원한 이상, 고귀 숭고한 이상
을 실현하는 것이 사랑의 극치이
아닙니까. 내 일생에 꽃 맺을 것을
한 나라 역사를 알을 맺는이에게
넘겨 맡기고 가는 것이 우리 인생이
아닙니까. 사랑의 기쁨은 이 역사를
위해서 선물을 받은 보수가 아닙니까
삭만 받을 일을 하는 하늘 게 장이냐
사내는 큰 죄인이 아닙니까. 좋을
알을 맺을 낳을 수 있는 튼튼한
몸과 굳은 뜻과 밝은 슬기를 가진
자만에게 사랑의 참을 빛낼 권리가
있지 않습니까.
217

본문 〈표 2-7〉 ⑮

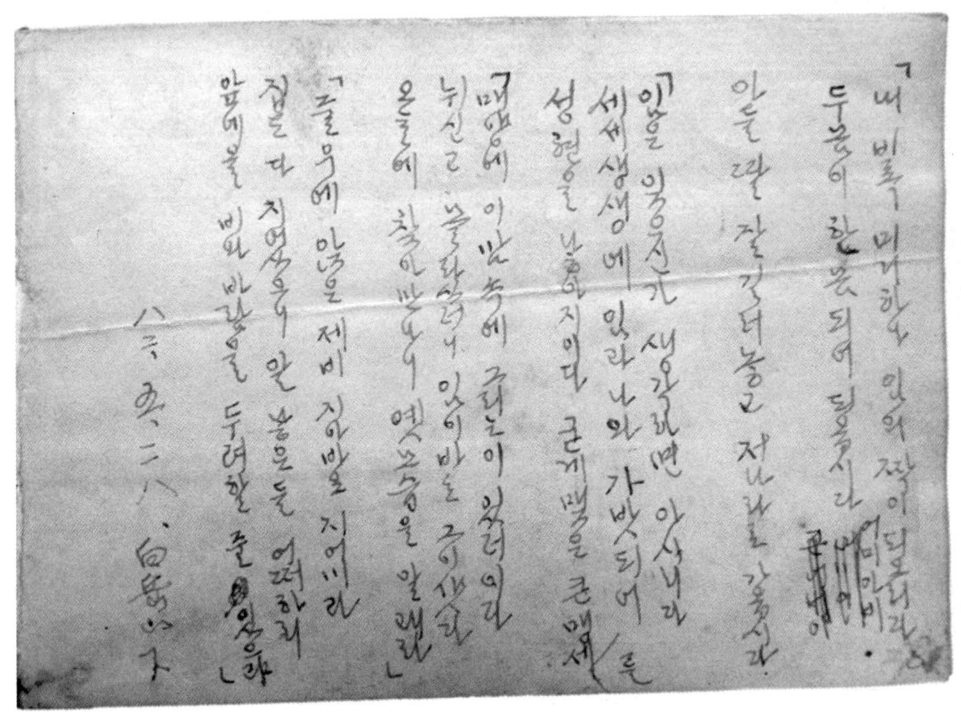

본문 〈표 2-7〉 ⑯

① 高麗磁器

실버들
냇가에 휘늘어져
흐느적 나비끼는
실버들

두루미
흰옷이마 감장 치마
쌍쌍이 너울거리는
두루미

29

본문 〈표 2-8〉

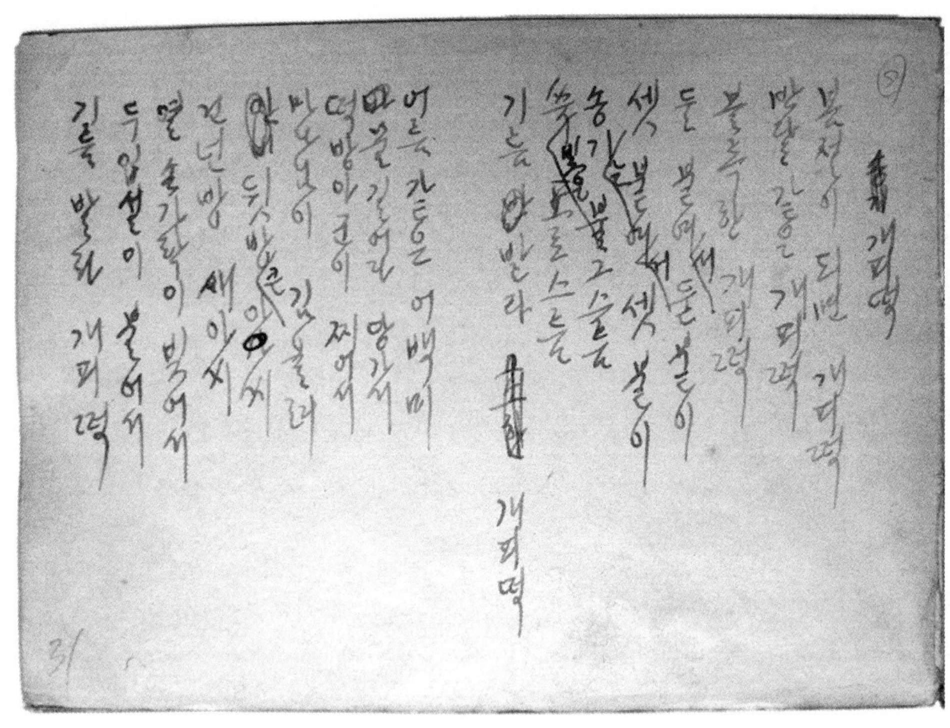

본문 〈표 2-9〉

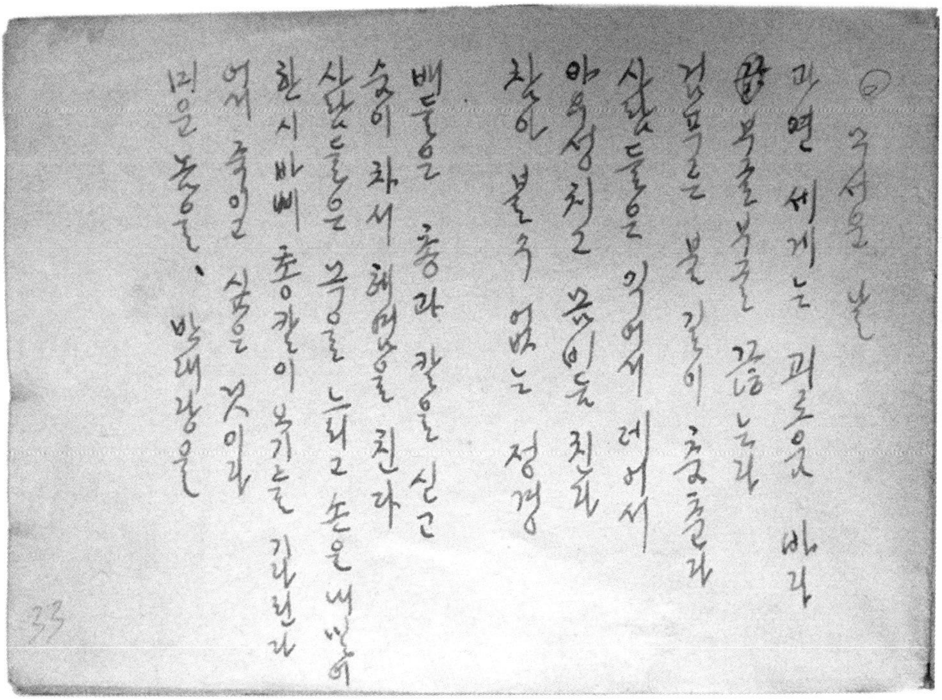

본문 〈표 2-10〉 ①

동무라 저 우루룽하는 소리
저 부살 같이 날아가는 소리
그것은 정찰기로 전투기로 폭격기라
배에 가득 죽음의 폭탄을 싣고
평온 나라를 부시러 갈 꿈이라
차별 없이 싹 죽이러 가는 길이다
수없는 천만 사람들을
과년한 아가씨들 까지
공장을 버릴 일터를 버릴
사랑도 시집 장가도 다 버릴
부시어라 박 부시어라
죽여라 박 죽여라 하고 달린다

35

본문 〈표 2-10〉 ②

본문 〈표 2-11〉

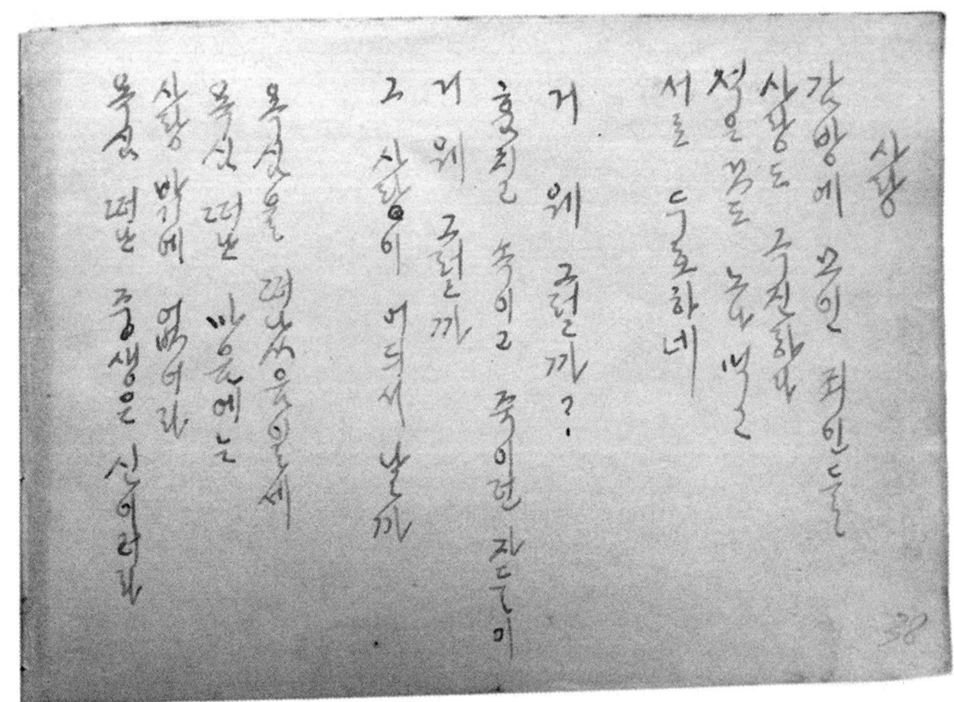

사랑

감방에 모인 죄인들
사랑도 주전하나
젖은 꿈도 [illegible]
서로 두호하네

거 왜 그럴까?
[illegible] 죽이고 죽이면 [illegible]
거 왜 그럴까
그 사랑이 어디서 날까

욕심을 [illegible]
욕심 떠난 마음에는
사랑 밖에 없어라
욕심 떠난 중생은 [illegible]

본문 〈표 2-12〉

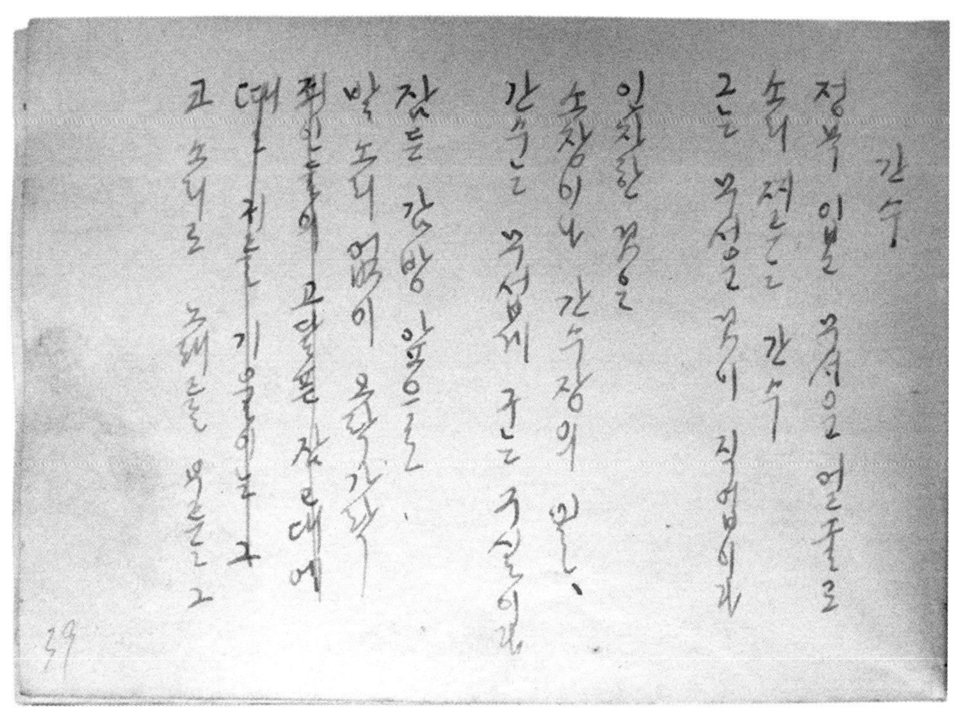
간수

정복 입은 무섭은 얼굴로
소리 질는 간수
그는 무섭을 꾸미 직업이라
인자한 꿈을
순장이나 간수장의 얼굴,
간수는 무섭게 군는 구실이라
잠든 감방 앞으로,
발소리 없이 오락가락
죄인들이 고달픈 잠든데에
~~대니 치운 기울이날 그~~
고 소리로 노래를 부르고

본문 〈표 2-13〉 ①

창에 부딧치는 설한풍 소리
설한풍이 창에 부딧칠 때
죄인들의 고통을 잦을 때
굴 때를 귀를 기울이니
40

본문 〈표 2-13〉 ②

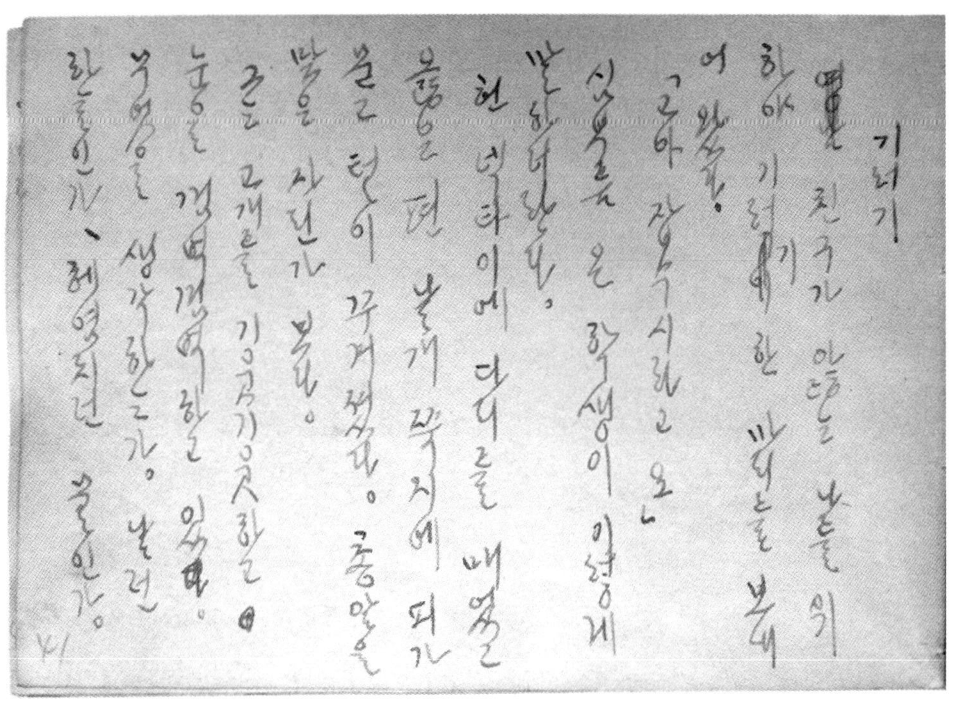

본문 〈표 2-14〉 ①

본문 〈표 2-14〉 ②

본문 〈표 2-14〉 ③

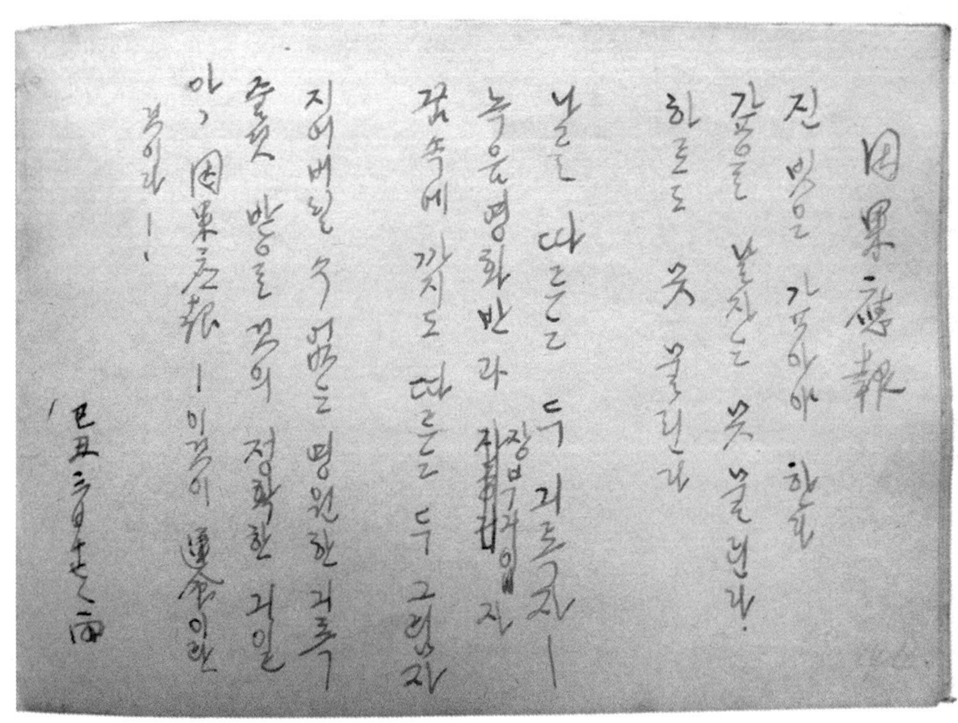

본문 〈표 2-15〉

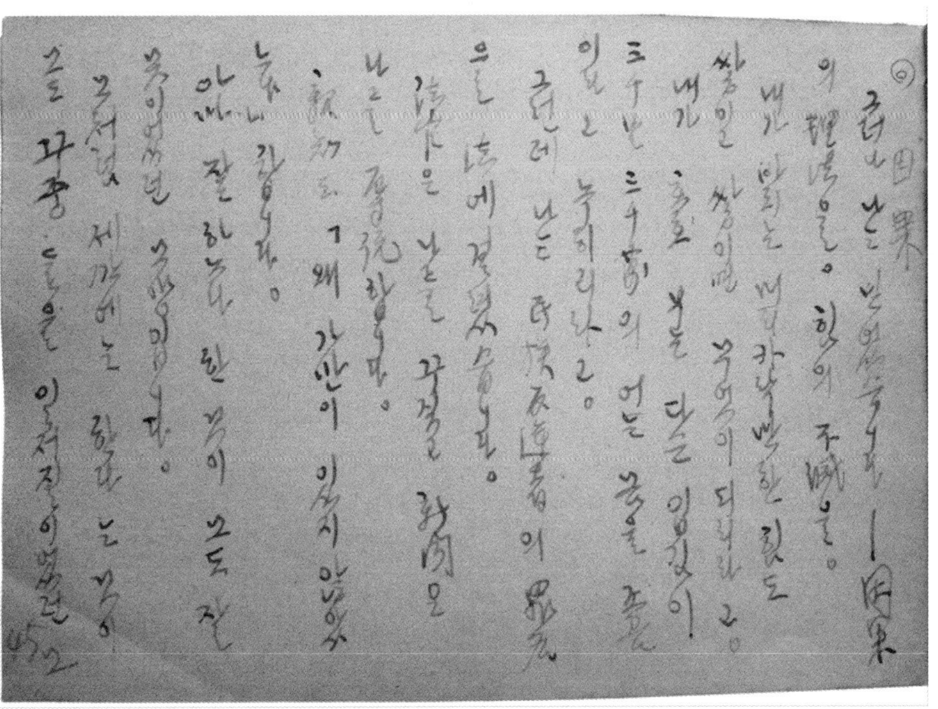

본문 〈표 2-16〉 ①

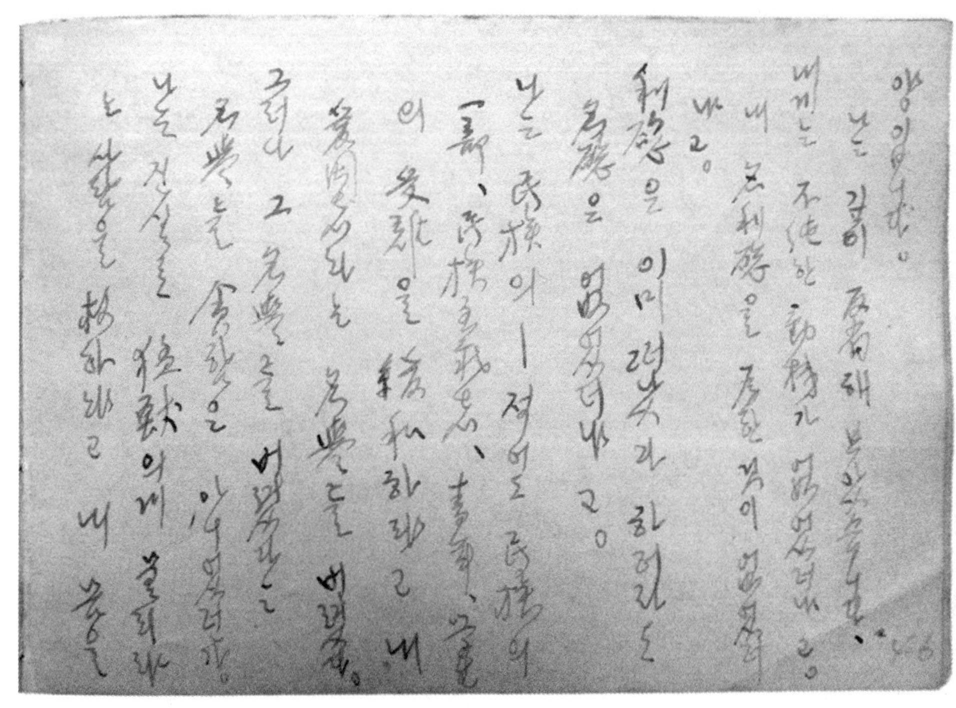

본문 〈표 2-16〉 ②

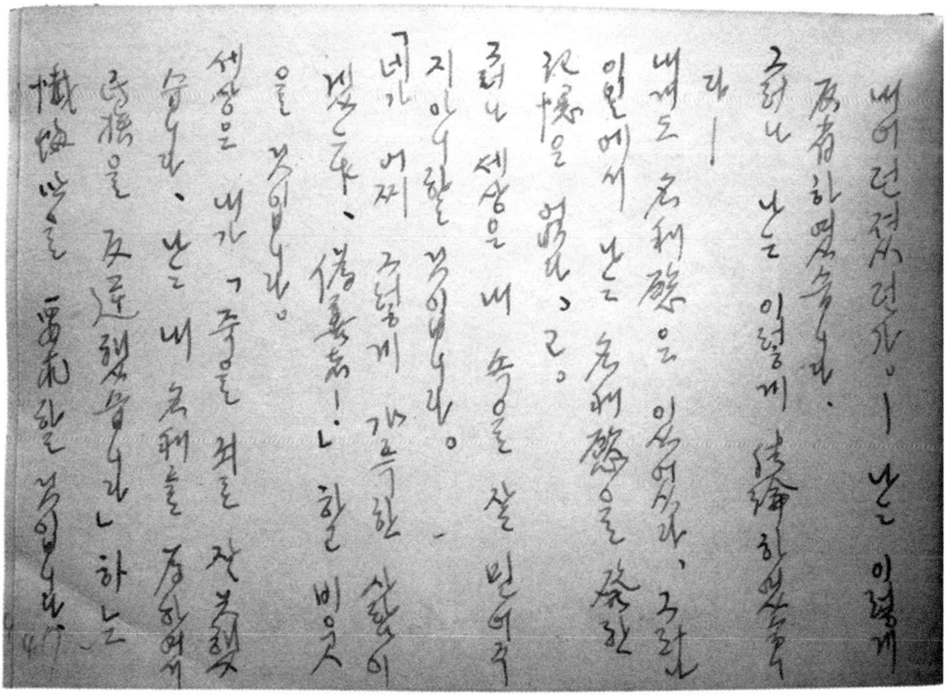

본문 〈표 2-16〉 ③

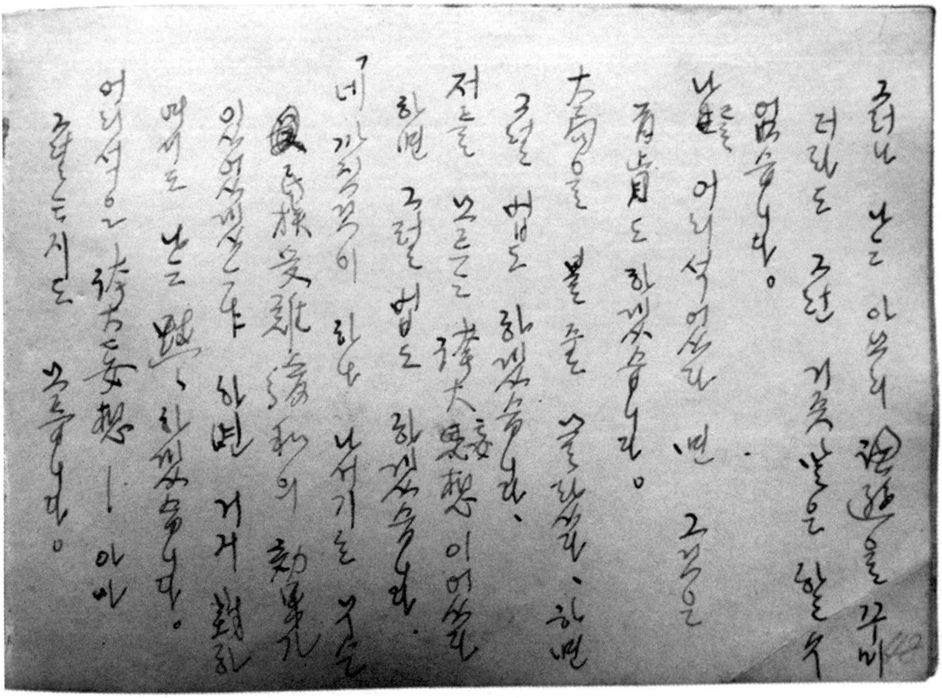

본문 〈표 2-16〉 ④

나는 「愚子의 奏職」이라고도
절은 詳解 못하옵니다。
그러나 나는 내가 할 일을 하여
버렸습니다。
내게는 아무 罪도 悔恨도 없읍
니다。
나는 「主權을 爲하여 살고
主權을 爲하여 죽을 覺悟」
가 되기에 부끄러움이 없읍니다。
天地가 이를 알고 神明이 이를
알 것입니다。
世上에도 이를 아는 同胞도 있
을 것입니다。
아니, 아는 이가 한 분도 없어도
할 수 없읍니다. 그래도 좋읍니다。
나는 내가 할 일을 하였기 때문
입니다。
49.

본문 〈표 2-16〉 ⑤

인

돌아 보니 수미산 같은 내 죄
천만겁에도 갚을 길 없으니
땅에 엎드려 입 있는 불보살님
나무 관세음 보살 마하살

공덕을 쌓을 만 없사온데
죄에 시들은 몸 힘이 없사와
한울 우러러 입 있는 불보살님
나무 관세음 보살 마하살

입 있는 한번 불으면 천겁의 죄
솔어지라 그 세존이 갈치시니
목을 놓아서 입 있는 불보살님
나무 관세음보살 마하살

己丑二月十日 雨

본문 〈표 2-17〉

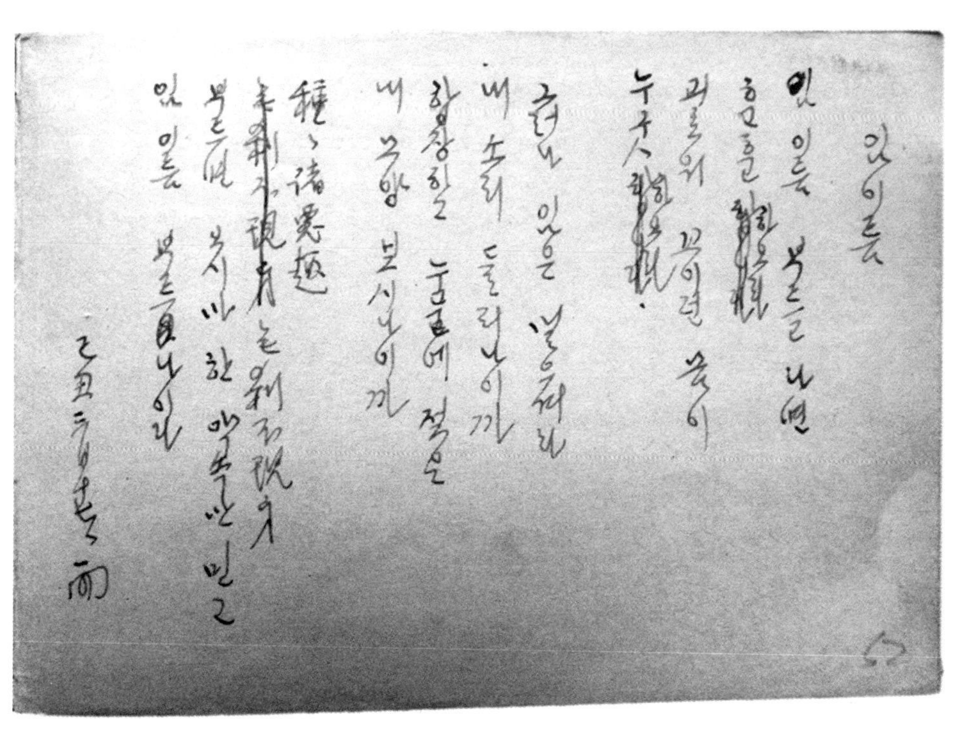

본문 〈표 2-18〉

草笛

개울가 풀언덕에
소 꼴을 풀 뜯기던
그 날이 그리워라

지난날 소내기에
소 젖고 나도 젖어
무지게 바라보라
풀피리 내 그리자
석양에 길떠날레
종달이 지저귀다
홀로는 개울 물을
정벅정벅 건너는
단둘이 소와 나와

본문 〈표 2-19〉

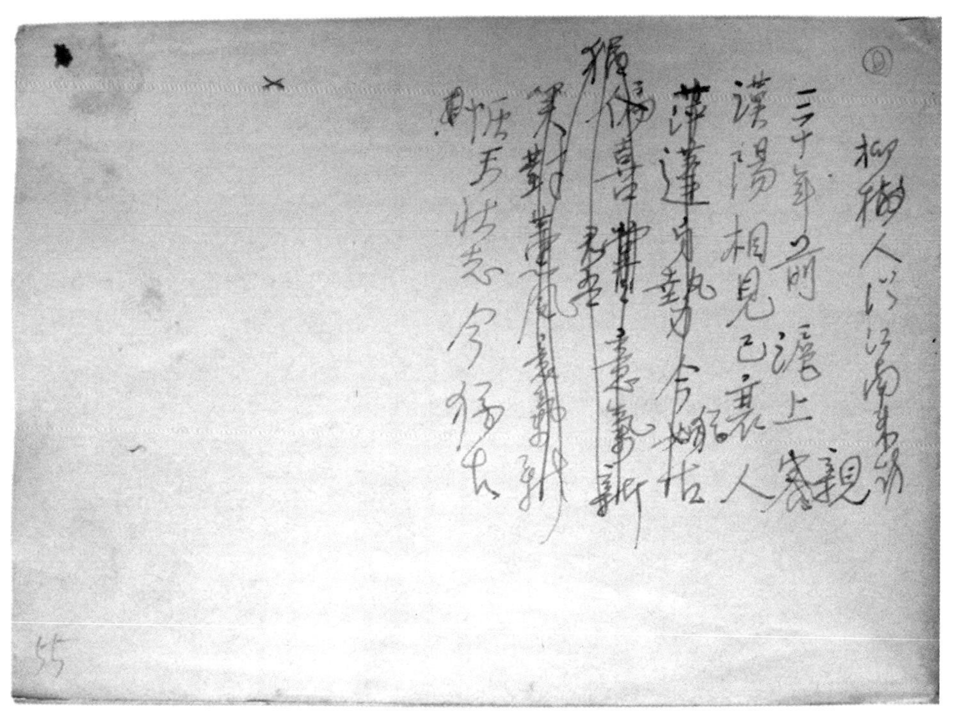

본문 〈표 2-20〉

①

자비를 잃은 말들

아이들의 손에는 선전 삐라가
어른들의 바지주머니에는 단총이 들었다
군인과 경관의 눈에는 피가 섰고
백성들은 서로 의심할 경계 밖에
이웃은 적국이 되고
어제까지 친하던 친구도 온통 믿을
수가 없다

옛날 난시에는 피난처나 찾았다
사람과 사람이, 아비와 아들 죽어
서로 적이 되는 불붙의 난리에
피난처가 어딘고, 하늘 위고, 땅 속요.
무섭다는 원자탄이 말하는 방사선 불빛
더 무서운 건 자비를 잃은 사람의 마음

57

본문 〈표 2-21〉

본문 〈표 2-22〉

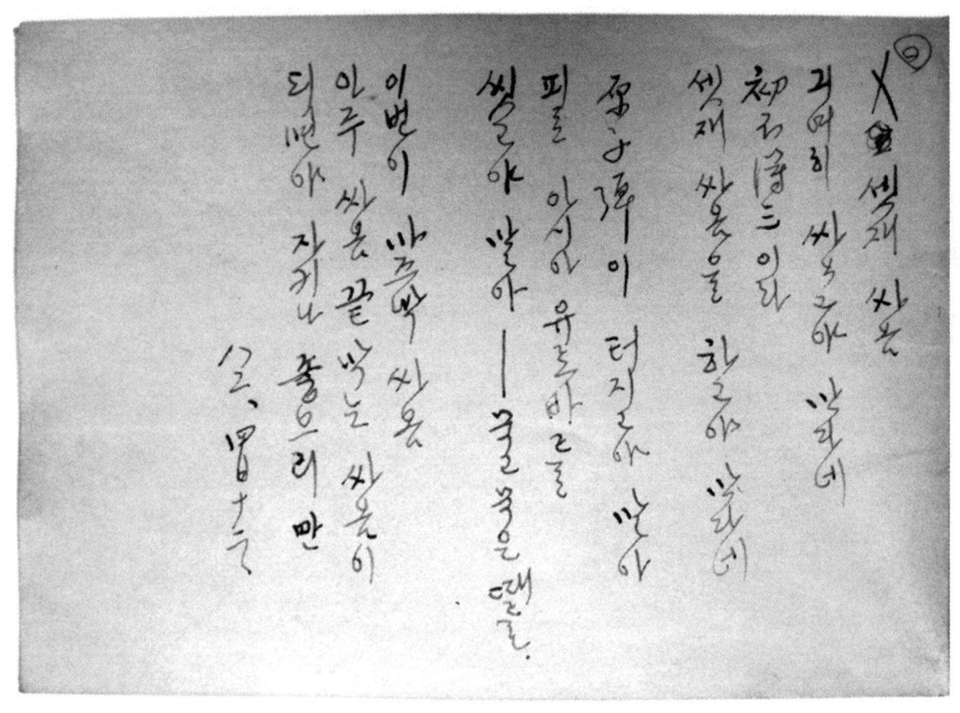

셋재 싸홈
그때히 싸호하야 발랏네
初等三이라
셋재 싸홈을 할하야 발랏네
第一陣이 터지하야 발하
피를 아시하 유로바르를
씻하야 발하 —— 꽃꽃은 때를.
이번이 발쓰박 싸홈
인주 싸홈 끝박는 싸홈이
되면하 자키나 좋으리만
一九, 四月十七

본문 〈표 2-23〉

진달레

진달레는 어린애 같아
꽃망 없는 나무대기 끝에
멋없이 핀 한송이 두송이
양지 작에 소도록이
모여 앉은 발숭이 ㅡ
진달네는 어린애 같아

고려길래 어린 애들이
보기만 하면 막 달려들어
막 꺾어서 아름으로 안아
발가와 죽겠을 거야
흥이 나 꽃견디는 거야
진달레는 어린애 여든

一二、四、一二、

본문 〈표 2-24〉

그 나무 왜 꺾나

애기네들
그 나무 왜 꺾니
나무 가지 왜 꺾는거야
꺾지들 말고 보기만 하소

애기네들
그 나무 왜 꺾니
애기네 손고락 발고락
똑똑 꺾으면 안 아프겠나

애기네들
그 나무 꺾지 마
잎피고 꽃피는 양도 좀 보아
제멋대로 자라는 양을 좀 보아

八六.四.一二.

본문 〈표 2-25〉

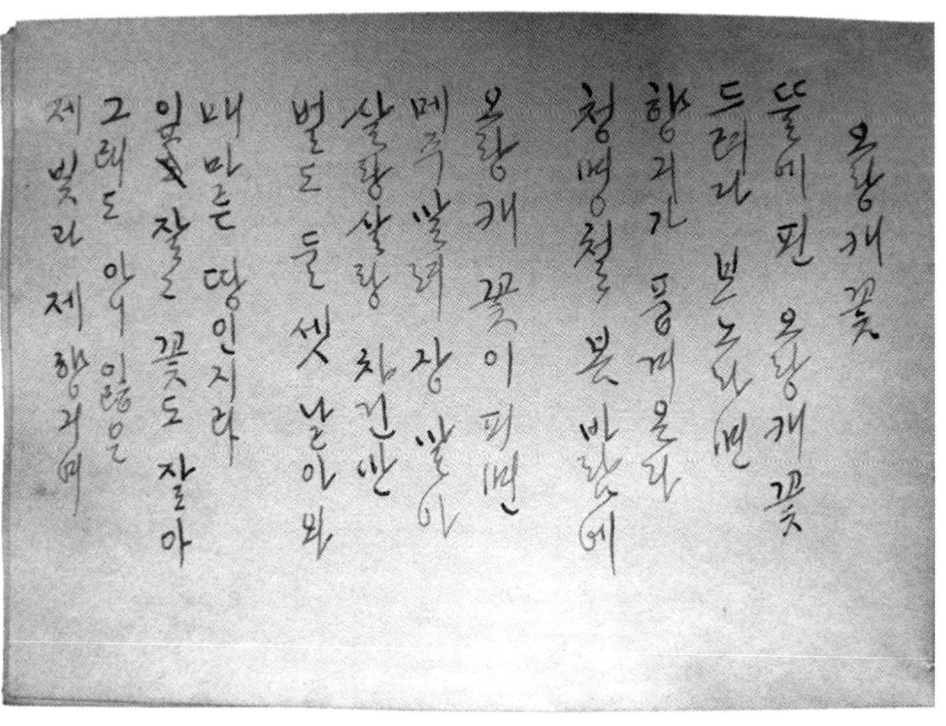

오랑캐 꽃

뜰에 핀 오랑캐 꽃
드려다 보노라면
향기가 풍겨오다
청명절 봄 바람에
오랑캐 꽃이 피면
메주 발려 장 발아
살랑살랑 차건만
벌도 들썻 날아와
배 마른 땅인지라
잎도 잘 꽃도 잘아
그래도 아니 이름을
제 빛과 제 향기에

본문 〈표 2-26〉

완전

별이나 꽃이나 갓난 아기야
곱은 중에도 곱게 지어냈나
날 줄생 길 버러지 돌멩이
아나 곱고 것 있던가 잃은 꽃을
다 곱와라 받고
한 어느 한나도 완전히 곱고 것
없으매
무궁한 동안에 무궁한 자리에
날 솟어지는 것 모도 모와
서 완전한 공교이러라
그러매로 어듸를 가도 아니되
오매 살아도 싫상치 않을
생명이러라

본문 〈표 2-27〉

오새
꽃피는 봄인데
꿈을 밟을 않는 [crossed out] 늘
괴로워라 괴로워
머리는 욱신거려
쑥을 잡기로 발을 던든어
괴로워라 괴로워
들리는 소식
온 세계가 느도 않는 질
괴로워라 괴로워
한바탕 꿈일가
언제나 깨쳐버릴 꿈인지 슬달
괴로워라 괴로워라
1六、四、三

본문 〈표 2-28〉

광경

누구는 반민법에 걸렸다
누구는 죄악으로 잡혔다
공산당은 경찰서를 부수고
경찰은 공산당을 두들겼다

삼팔선에는 장총이 울고
서울 골목에는 육혈포가 튄다
피를 뿜고 쓰러지는 자
부뻐하고 달아나는 자

아 눈물은 옥석을 분별
입술은 분함으로 날름거려
내일이 어찌 될까 하면서
사람들은 믿음을 잃고 살았다

본문 〈표 2-29〉

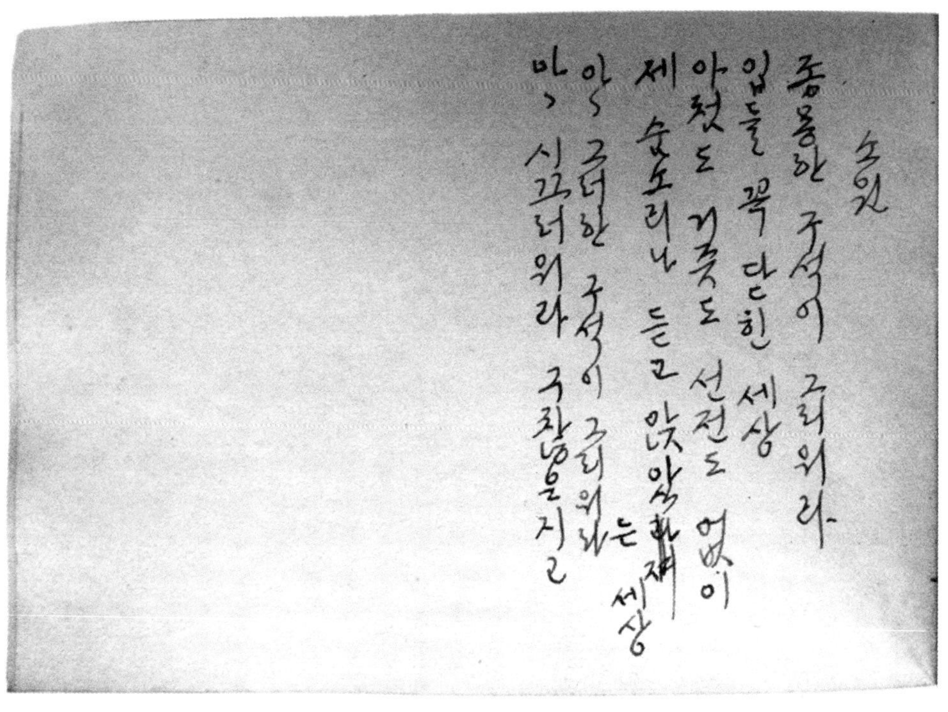

[illegible]

조용한 구석이 그리워라
입들 꼭 닫힌 세상
아첨도 거짓도 선전도 없이
제 숨소리나 듣고 앉았는 세상
안 그러한 구석이 그리워라
맘 시끄러워라 구찮을지고

본문 〈표 2-30〉

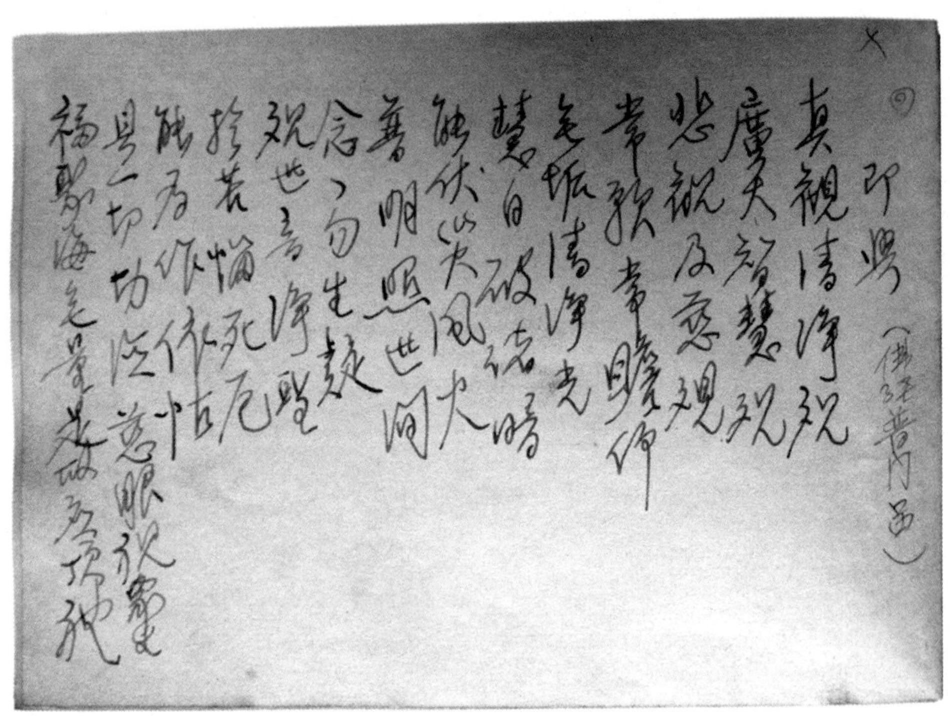

印興 (佛經普門品)

真觀清淨觀
廣大智慧觀
悲觀及慈觀
常願常瞻仰
無垢清淨光
慧日破諸闇
能伏災風火
普明照世間
念念勿生疑
觀世音淨聖
於苦惱死厄
能爲作依怙
具一切功德 慈眼視衆生
福聚海無量 是故應頂禮

본문 〈표 2-31〉

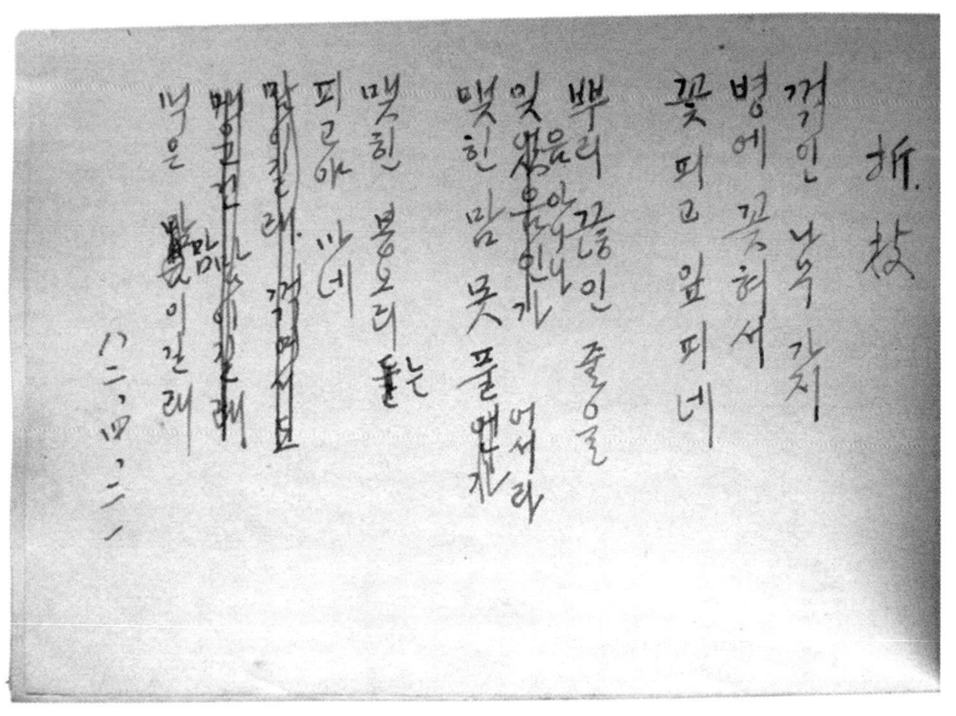
折枝

꺾인 나무 가지
병에 꽂혀서
꽃 피고 잎 피네
뿌리 끊긴 줄을
잊었음인가
맺힌 맘 못 풀어서라
맺힌 봉오리 붉는
피고야 마네
[illegible]
[illegible]
봄은 [illegible] 갈래

一二, 四, 二一

본문 〈표 2-32〉

본문 〈표 2-33〉

본문 〈표 2-34〉

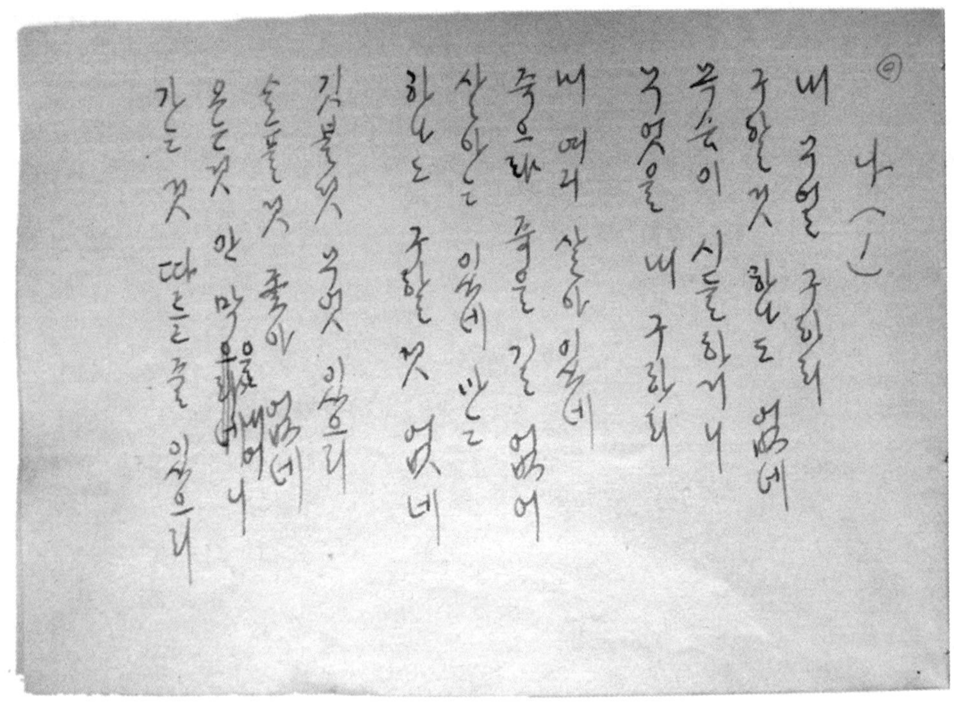

⑦ 나 (1)

내 무엇을 구하리
구할 것 하나도 없네
목숨이 시들하거나
무엇을 내 구하리
내 여기 살아 있네
죽으란 죽을 길 없어
살아는 있네 딴은
하나도 구할 것 없네
기쁠 것 무엇 있으리
슬플 것 좋아 없네
온 곳 안 막[illegible] 내어나
갈 곳 따를 줄 있으리

본문 〈표 2-35〉

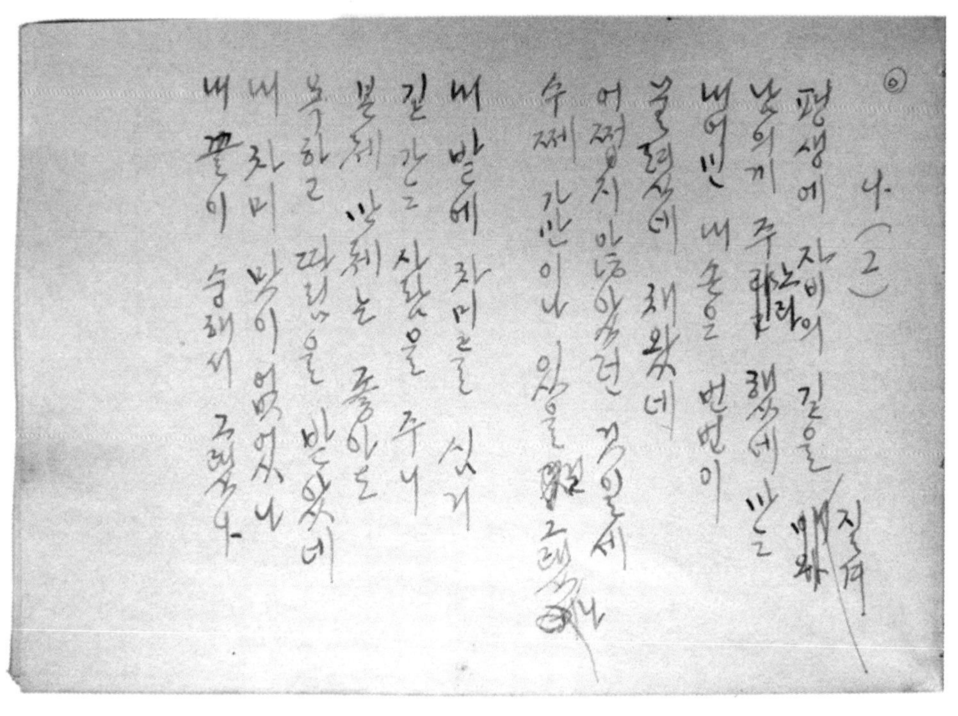

나 (2)

평생에 자비의 길을 [illegible]

남에게 주라 했었네 받은

내 어린 내 손을 번번이

물리쳤네 채왔네

어쩌지 아니하였던 것일세

수재 가난이나 입을 [illegible] 그랬었나

내 발에 차이를 싫거

길 가는 사람을 주나

불쌍히 받쳐는 좋아도

복하고 때렸을 받았네

내 차마 밖이 없었나

내 뿔이 숭해서 그랬구나

본문 〈표 2-36〉

⑥

아해의 설교

당신은 착한체 하는 악인
나는 악한 줄 아는 악인
나는 어찌해 악인이어니와
당신은 남의 대접 받는 사람 아뇨?
나는 당신 위해 희생된 사람
당신은 남의 희생 받고도 웃는 사람
가난히 당신 속을 드려다 봤소
얼마나 악한 당신인 줄 알겠거니
손톱이 저려지게 나는 당신을 위해왔소
당신은 내게 무엇을 주어왔소?
아해의게 줄 것 없는 날 편히여는
맘을랑 안해는 앓아주는 사람이 되시오

八二、四、三〇

본문 〈표 2-37〉

이야기

쌀값도 오르고 세상도 순한데
이 땅 살림을 무엇으로 위로하나
신선함을 이야기나 할 지어
읽어 들릴까나, 들려드릴까나

우는 애기를 자장 노래에 잠들을
성난 말라도 저 한 가락에 잔라는데
서뿌르나 정성 드린 내 이야기
들을 웃으시라 잠시 맘을 펴시라

내 평생에 짓은 이야기 스물설흔
어둡을 이리 웃을 듯 어느 돌옷을
그 얼굴을 눈 앞에 그려 놓으면
모도 반가와 줘라, 살 맞는 듯 하여라.

본문 〈표 2-38〉

설

피차에 길 가는 나그네
오라 가라 말 없이
피차에 인생 바다 건너는
한 나룻배에 손님
어데서 떠났는지도 잊을 어딘들
갈 줄도 모르고
피차에 가슴에 서러운 동은
눈에 눈물 괴인 우리
설 하소랄까나 설 겨알고
눈물 눈물 씻길
손길 마조 잡을 동무 삶은
이 바다 건너가는

본문 〈표 2-39〉

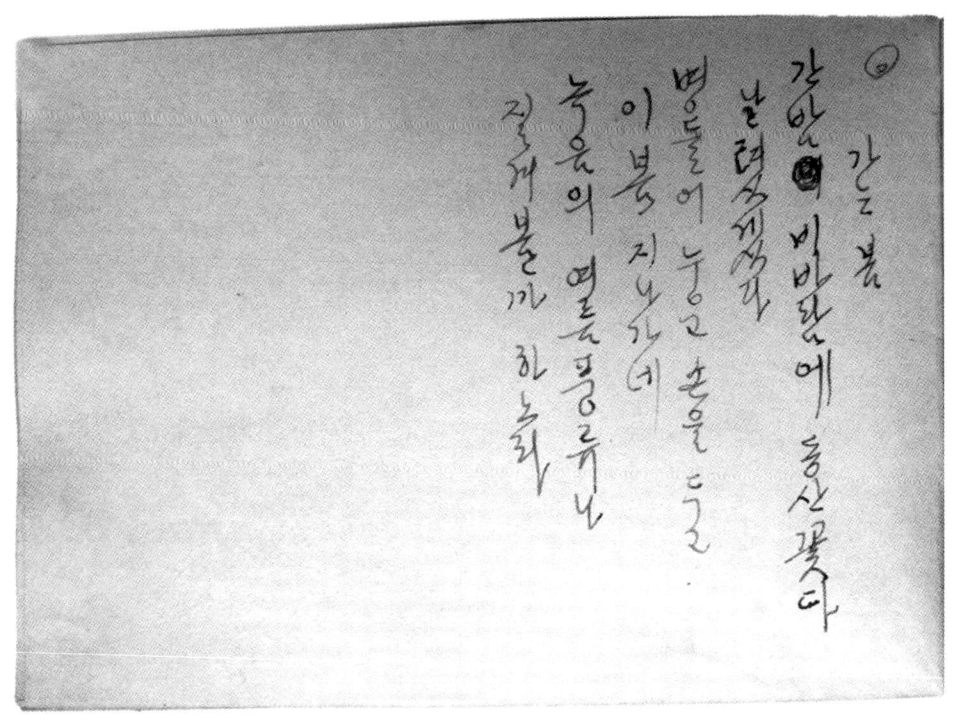

간 봄

간밤의 비바람에 동산 꽃 다
날려서 지었다
병들어 누운 혼을 두고
이 봄 지나가네
녹음의 여름 풍류나
실채 볼까 하노라

본문 〈표 2-40〉

⑨ 무슨 뜻?

이세상 들어올제
무슨 뜻을 가져왔노
누구를 본받았던고
어떤 일을 하잤던고
내 무엇 찾아 헤매어
이제 여기 있는고

영겁의 끝없는 길
두두둥 울렸나
골로 잎 받아서는
붙잡을 줄 모르고서
등지고 또 찾는 길을
갈라는 내 몰라

본문 〈표 2-41〉 ①

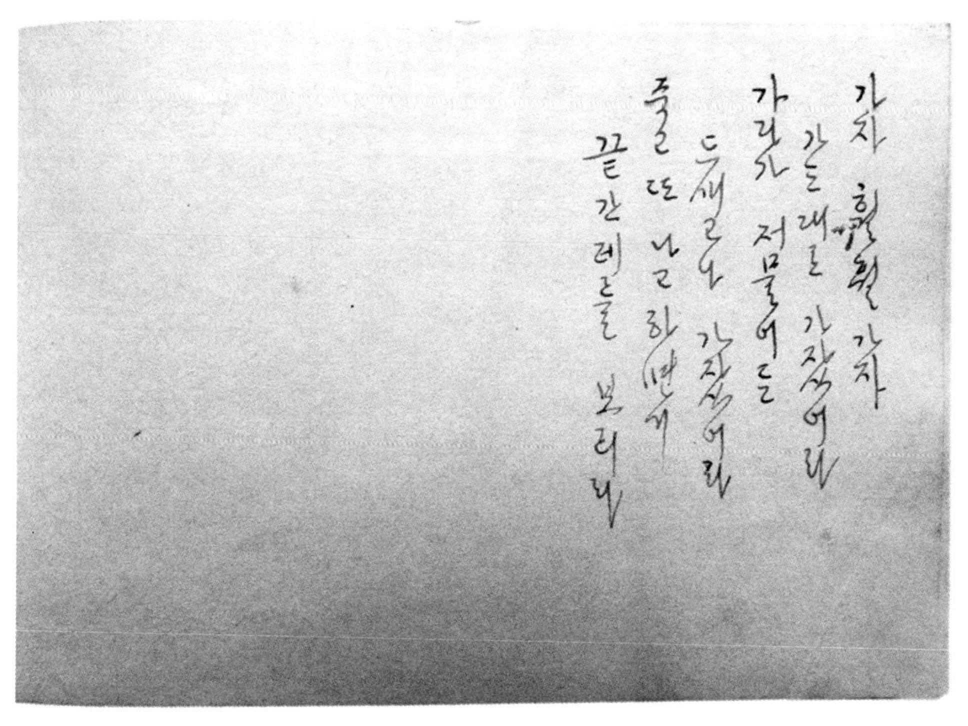
가자 [illegible] 가자
갈대로 가잣어라
가다가 저물어도
드새로나 가잣어라
죽을 때 나도 하련마는
끝간데를 보리라

본문 〈표 2-41〉 ②

본문 〈표 2-42〉

사랑과 미움

요새 웬 사람이 이렇게들 죽소
오늘도 세 사람이 총을 맞아 죽었다고
가만히 두어도 앓다가서들 죽는 것을
왜들 총을 쏘고 칼로 찔러서 죽이오
왜 그리 서로 미워들 할까요
피차에 얼마 못 살고 죽을 인생이
서로 웃고들 삽시다 그려 서로
서로 좋은 말 하고들 삽시다 그려
죽을 살아도 한세상 빼앗을 살아도 한세상
빼앗아 잘 산 이 보았소? 주어 못
산 이 보았소?
미워하다가도 죽을 사랑하다가 죽는
인생이라면
같은 값에 주는 사랑하다가 죽읍시다
그려

본문 〈표 2-43〉

안락

아마도 해가 어찌 되었나 바
그 빛에 꽃들 독이 묻었나 바
그렇길래 해 빛 가는 데 마다
꽃들 보깨는 것 안인가
아마도 땅이 어찌 되었는가 바
솟는 물에 꽃순 독이 들었나 바
그렇길래 꿀 빨산 중생들이
모도들 으등등 거리는 것 안인가
사람들이 제 꾀를 믿던 날에
평화의 여련을 깨어졌단다
그들이 자비에 돌아가는 날
아 오직 그날에야 안락이 다시 올게라

본문 〈표 2-44〉

① 나라 타령

중국은 周公 孔子의 나라
老子 莊子의 나라
李白 杜甫의 나라
나는 중국을 사랑하노라
印度는 베다의 나라
釋迦 牟尼의 나라
馬鳴 龍樹 達摩의 나라
나는 印度를 사랑하노라
이스라엘은 모세의 나라
詩篇의 作者 다윗의 나라
예수 그리스도의 나라
나는 이스라엘을 사랑하노라
英國의 쉑스피아의 나라
失樂園의 밀톤의 나라
흄、밀의 自由主義의 나라
뉴톤、 다윈의 나라

본문 〈표 2-45〉 ①

독일은 칸트 헤겔의 나라
~~[illegible]~~ 꾀테 실러의 나라.
[illegible]、[illegible]의 나라
그리고 바그너 슈벨트의 나라
이달리아는 [illegible] 단테의 나라
갈릴레오 미켈안젤로 라파이엘의 나라
건축과 음악의 나라 또
마치니 갈리발디의 나라
미국은 에부라함 린컨의 나라
프랑클린 에디슨의 나라
롱펠로 에머슨의 나라
~~[illegible]~~ YMCA 의 나라
프랑스는 [illegible]의 나라
그[illegible]과 미술과 농촌과 오 [illegible]과
시와 [illegible] 오페라와 좋은 포도주와
경쾌한 [illegible] 스타일과

본문 〈표 2-45〉 ②

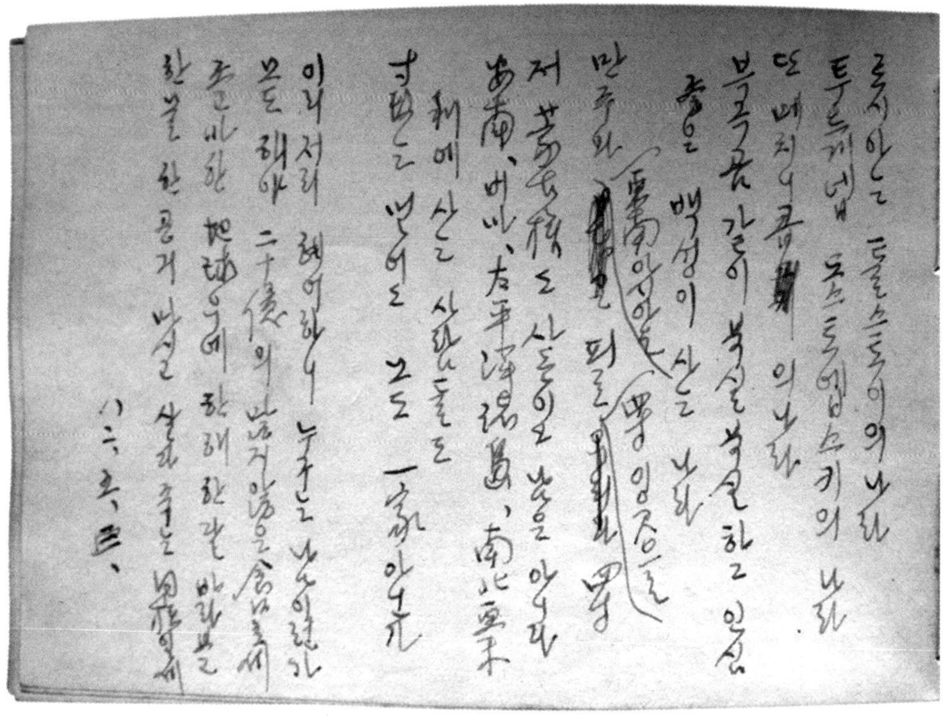

본문 〈표 2-45〉 ③

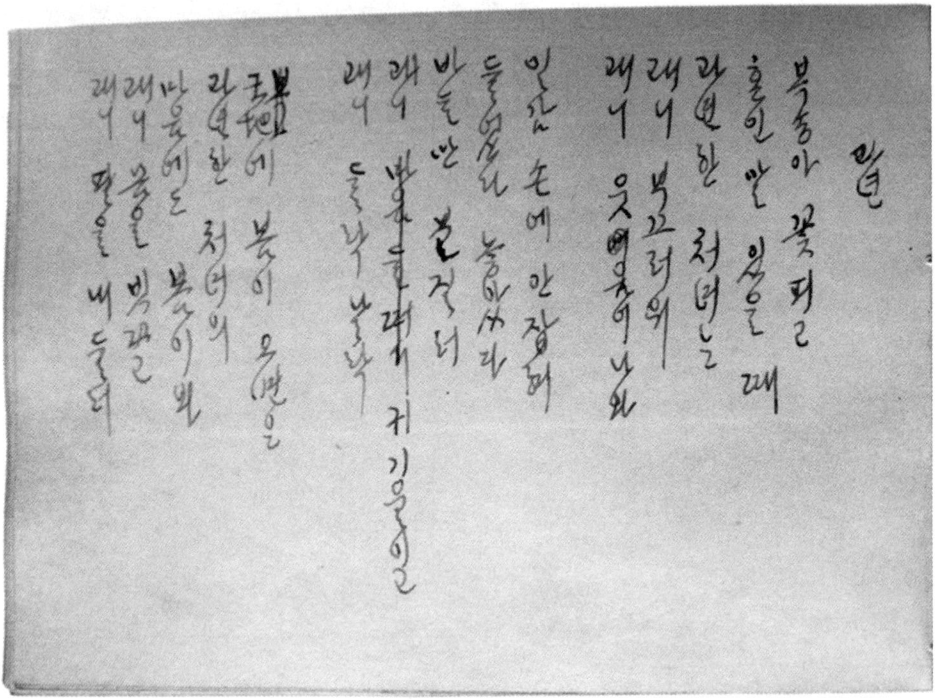

본문 〈표 2-46〉

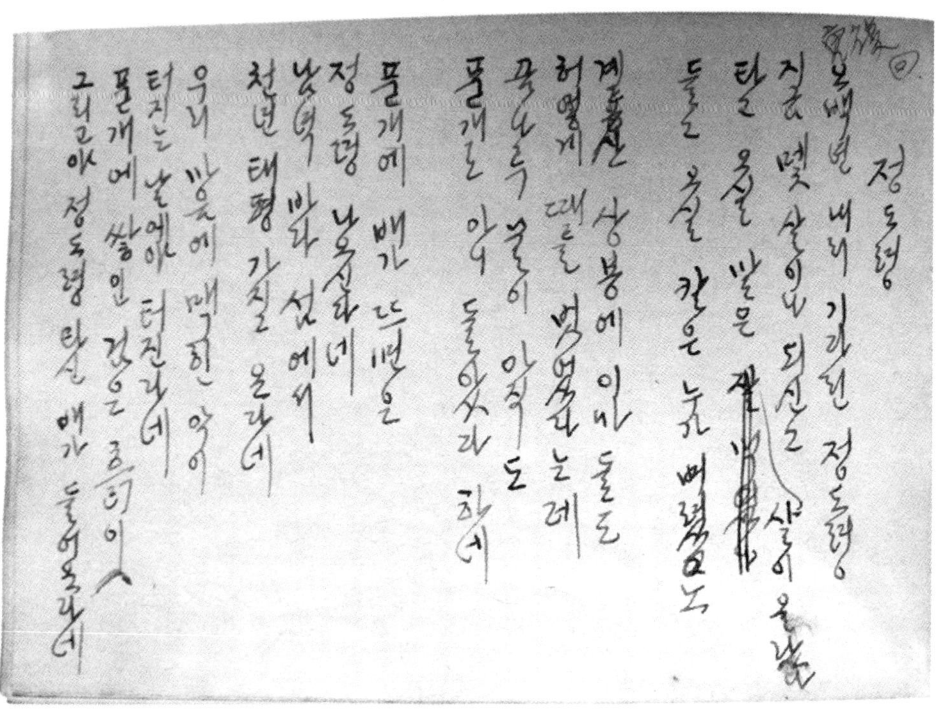

정도령

오백년 내려 기리던 정도령
지금 몇살이나 되신고
타고 오실 말은 살이 올랐네
들고 오실 칼은 누가 벼렸노
계룡산 상봉에 이나 돌도
허옇게 때를 벗었다는데
꽃노루 놀이 아직도
물개도 아니 돌아왔다 하네
물개에 배가 뜨면은
정도령 나오신다네
남녘 바다 섬에서
천년 태평 가질 온다네
우리 땅에 맥힌 악이
터지는 날에야 터진다네
물개에 쌓인 설움 흥이
그리고야 정도령 타신 배가 들어온다네

본문 〈표 2-47〉

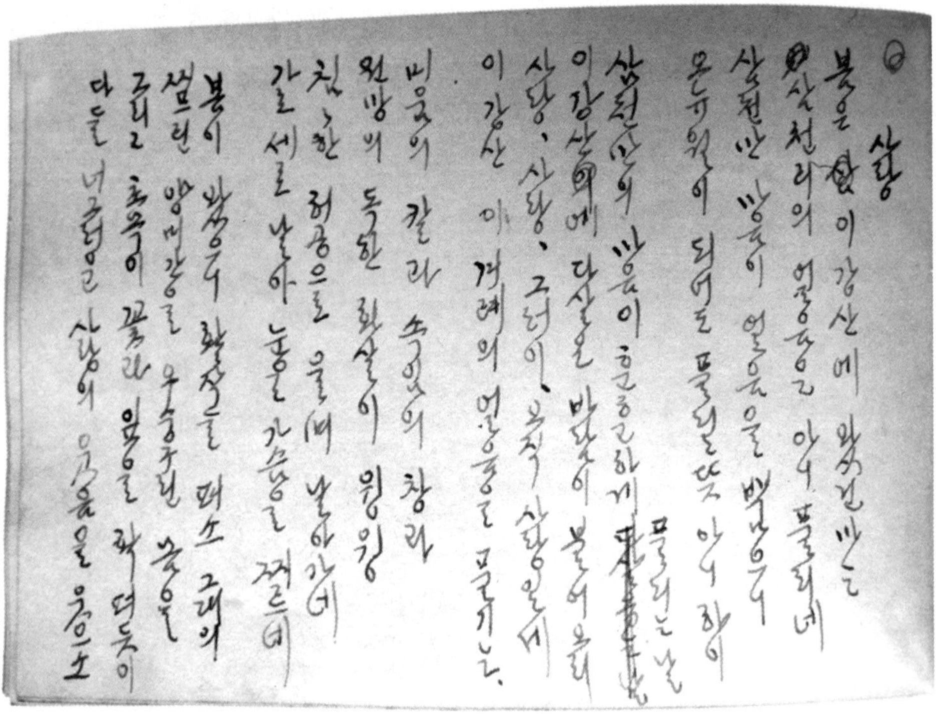

본문 〈표 2-48〉

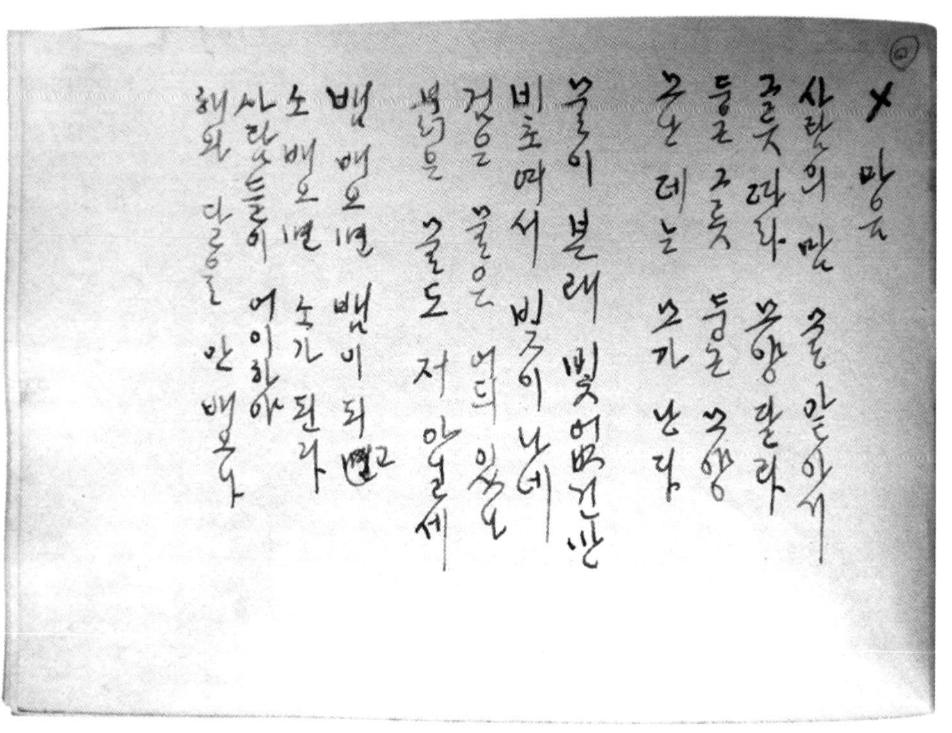

× 망[illegible]

사람의 맘을 알아서
그릇 따라 모양 달라
둥글 그릇 둥글 모양
모난 데는 모가 난다

물이 본래 빛 없건만
비추어서 빛이 나네
검은 물은 어디 있노
붉은 물도 저 알세

뱀 배오 1년 뱀이 되고
소 배오 1년 소가 된다
사람들이 어이하야
해와 달을 안 배우나

본문 〈표 2-49〉

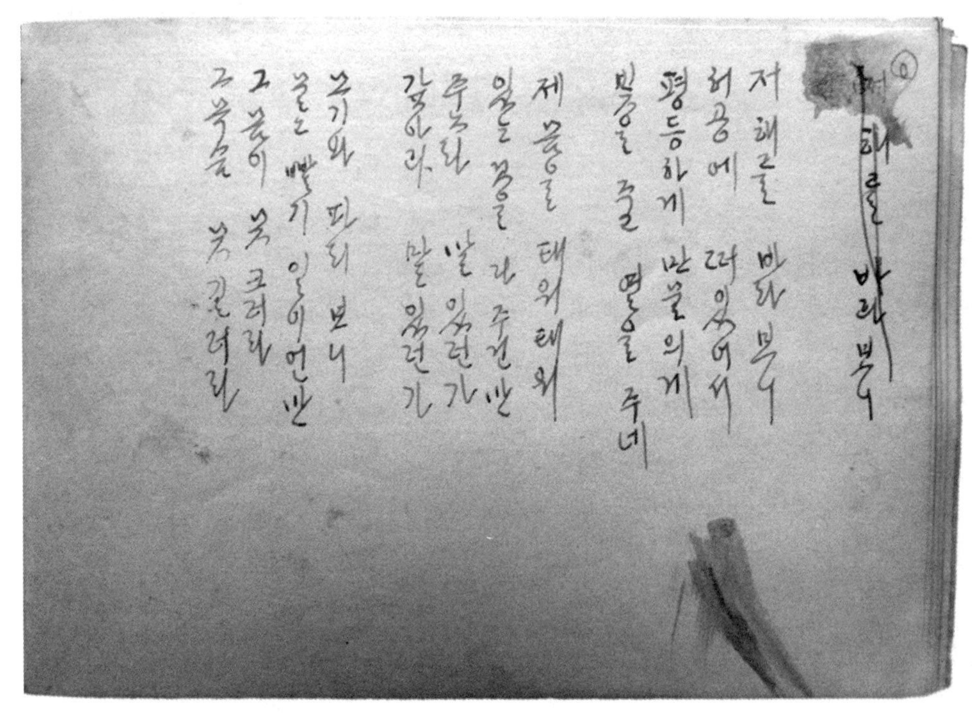

① 해를 바라보니

저 해를 바라보니
허공에 걸려 있어서
평등하게 만물의게
빛을 줄 열을 주네

제 몸을 태워 태워
일을 꿈을 다 주건만
주노라 말 있던가
갚아라 말 있던가

꽃기와 피리 보니
꽃은 빨기 일이언만
그 꽃이 꽃 크려라
그 꽃을 꽃 길러라

본문 〈표 2-50〉 ①

어와 세상 사람들이
주늘 줄이 되어지라
주는 이는 있을이오
바란 때엔 거지로다

본문 〈표 2-50〉 ②

⑧

왜 사나

나는 왜 사나? 무엇하려?
자고 나면 밥을 움지길 또 자고
사랑할 미워할 기쁠 슬퍼할
그러나 어렵단 말인가.

나는 왜 사나?, 일하려고?.
일해서는 무엇하나 먹으려고?
먹어서는 무엇하나 살려고?
살아서는 무엇하나?
나는 왜 사나? 기쁘려고?,
기쁨이 좋기는 좋더라 만은
그것은 화바닥에 떨어지는 눈송이
선뜻할 뿐 슬어져

본문 〈표 2-51〉 ①

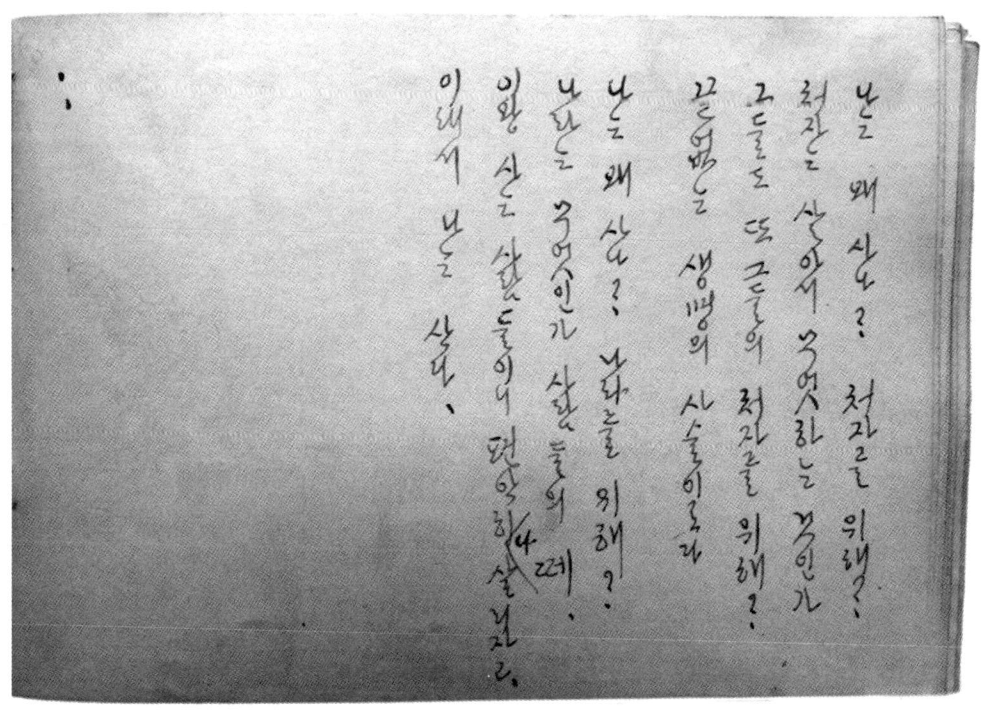
난 왜 사노? 처자를 위해?
처자는 살아서 무엇하는 것인가
그들도 또 그들의 처자를 위해?
끝없는 생명의 사슬이로다
난 왜 사노? 나라를 위해?
나라는 무엇인가 사람들의 떼,
이왕 사는 사람들이니 편안히 살려고.
이래서 난 사노,

본문 〈표 2-51〉 ②

解放

내 몸을 만든자 누구냐
(어)내 마음이라, 선과 악을 결단자.
집을 지은자가 누구냐 하면
그 집에 든 사람인 것과 같이
임금은 대궐을 짓고
가난방이는 오막사리를 짓는다
대장장이는 풀무를 놓고
주막장이는 풍노를 차린다
제 손으로 지은 집에서
한번 들어 살면
그 집을 떠날 때까지
사람은 집의 지배를 받는다
임금이 임금을 그만 둘 때
군은 대궐을 버리고
주막장이가 주막장수를 그쳐야
풍노방을 떠난다

본문 〈표 2-52〉 ①

본문 〈표 2-52〉 ②

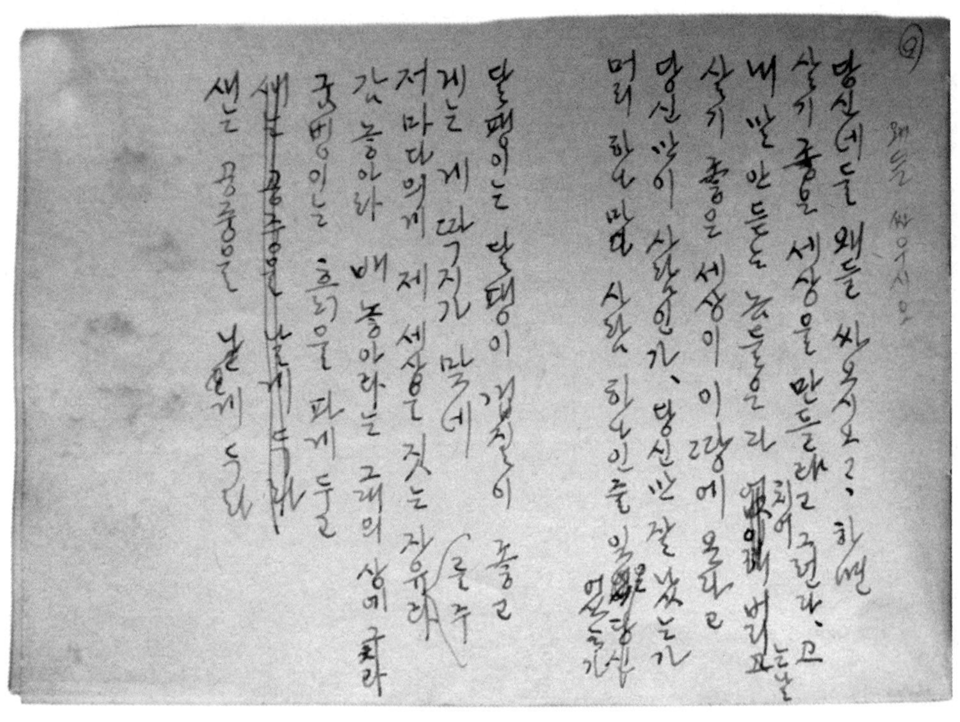

⑨ 왜들 싸우시오

당신네들 왜들 싸우시오, 하면
살기 좋은 세상을 만들래고 그런다, 고
내 말 안 듣는 놈들은 다 없애 버리고
살기 좋은 세상이 이땅에 오라고
당신 말이 사람인가, 당신만 잘 났는가
머리 하나 팔다 사람 하나인 줄

달팽이는 달팽이 껍질이 좋고
게는 게 딱지가 맞네
저마다 다 의게 제 세상을 짓는 자유라
감 놓아라 배 놓아라는 그대의 상에 놓아라
굼벵이는 흙을 파게 두라
새는 공중을 날게 두라

본문 〈표 2-53〉

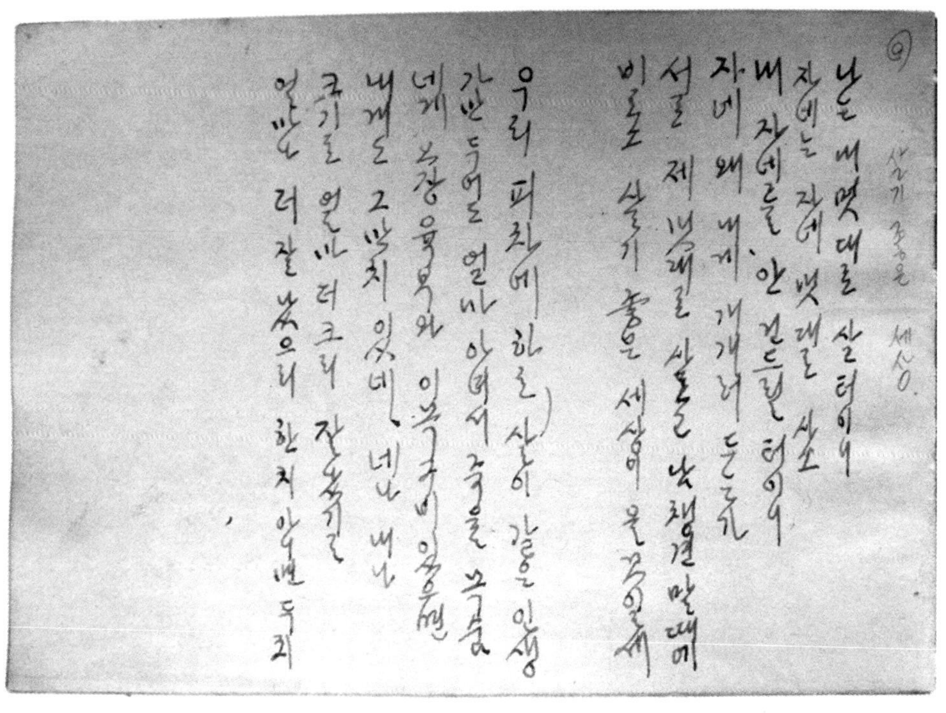

⑨ 살기 좋은 세상.

나는 내 멋대로 살터이니
자네는 자네 멋대로 사소
내 자네를 안 건드릴 터이니
자네 왜 내게 개개려 드는가
서로 제 멋대로 살도록 남챙견 말때에
비로소 살기 좋은 세상이 올 것일세
우리 피차에 하루살이 같은 인생
가난도 얼마나 아퍼서 죽을 고생
네게 오장육부와 이목구비 있을진
내게도 그만치 있네, 너나 내나
크기로 얼마나 더 크리 잘났기로
얼마나 더 잘났으리 한치 앞을 모를 두리

본문 〈표 2-54〉

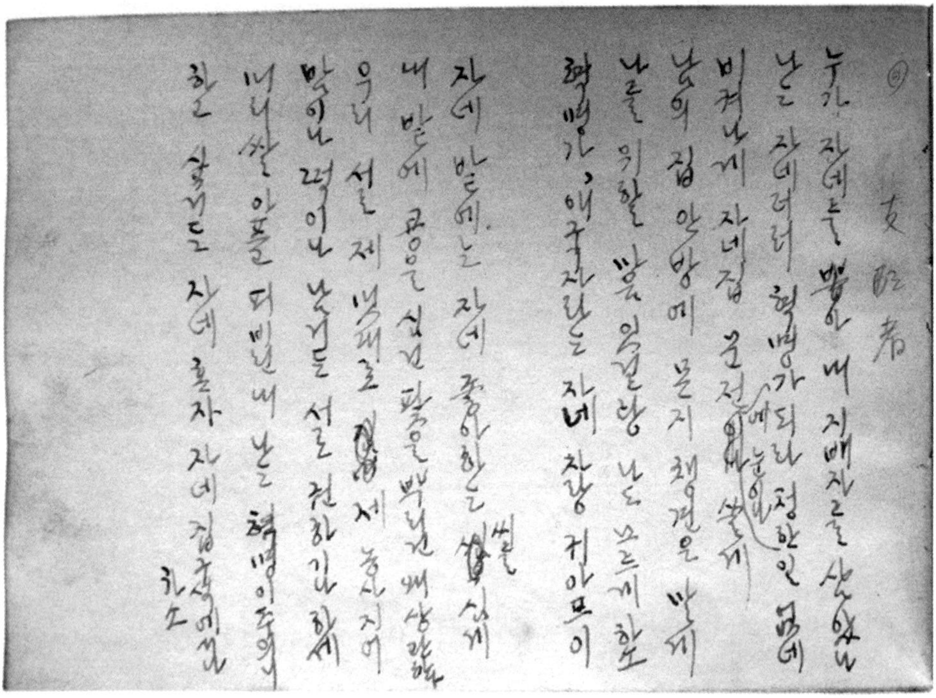

본문 〈표 2-55〉 ①

아, 고운 바다와 같은 세상이여
이 바다를 고롭히는 자가 누구인가
탐욕구런 밍국과 그리고 저잔 본 꾼을
핵병가 주의자 질자와 뿌리는 부라
뒨 꾼 랜 다 들 제 집으로 돌아가
발 돼기 돌아나 때소 앳나우 잠인나 하소
진실을 세상을 위한 일어 할 살걸
동네 웃울이나 초소, 길이나 쑥어 불
우는 애 엄마나 주울
않는 명 주왕이나 한소
그리고 애어 그 주의 그 핵병을 탕
잘 부대 기에 나와 시끄럽게 한소

본문 〈표 2-55〉 ②

1

구데기와 개미

小滿 마당을 차도
五月 볕을 다숩다
내 집 좁은 뜰의
볕 잘 드는 한 구석
백여일이나 앓는 순이
병을 쫓일 때에 일어난 일.

적은 일이라면 적다 싶는
크게 보면 宇宙와 같이 크다
알 수 없는 生命의 神秘
아、 속히도 살라는 意慾
그러면서도 안타까와라、
無明에 가리워진 마음의 힘!

본문 〈표 2-56〉 ①

어디로서 왔느냐 구레기 한 쌍아
누르스름하고 번질번질한 몸
열두마디 굼틀거려 움질거려
굴르며 자빠지며 바쁘게 갈 길
땅바닥을 찍어 당기는 주둥이
그의 유일한 무기라

굴 어디로 가나, 무엇하러?
해는 벌서 낮이 기울었을 레고
낙숙총게 민등을 내의라
와서는 굴로 와서는 또 굴로
이 방향을 저 방향으로
굴은 무엇을 찾아 가는 길인가

본문 〈표 2-56〉 ②

본문 〈표 2-56〉 ③

발발발 기어가던 개아미 한마리
움지겨야 눈에 띄우는 잔 개아미
멈춧, 서는 듯, 뒤 방향을 돌려
구레기의 뭉툭한 꽁문에
물을 매어달린 때 발을 버둥거린다
깜작 놀라 꿈틀거리는 구레기

아마도 평생에 처음 만나는 적.
처음 당하는 물리는 아픔!
빠져도 다시 기어 오르는 개미
몸을 물은 꾸러미를 물고
가려보는 아픈 동안은, 쏠
다시 못 얻을 진행을 빨고.

물고는 안 놓으라는 개미
떨어졌다는 또 매어달리는 개미
멀, 스물, 서른, 마흔
백 군데 더 물렸나, ?
데굴데굴 굴고 꿈틀거리는
구레기 꿈에 흙이 붙기 시작하는

본문 〈표 2-56〉 ④

인제 배가 불러서는가 개미저도
꿀 빨기에 질력이 났는가
배곯은 동무들 헌데
날을 것 잊었나 알리러 갔었가
죽게됐나 리호하는 구려기를
버리고 부지런히 달려갔나
한바탕의 계절을 지나고
천지는 다시 몽롱하였나
그때 적이 불려간 줄을 알때에
그 구려기는 옛정신을 다시 차렸나
다신 그런 일이 없으리라져
글 다시 부지를 기기를 시작하나
부러진 붓은 가벼울 아프는
약점 고투에 김공을 빼았어도
가련한 길을 가야 한다 게라
붓속질 주변을 찾아야 할라
그 걸음은 아끼 볼라 누더보
그래도 쉬지 않을 유전자더본 고.

본문 〈표 2-56〉 ⑤

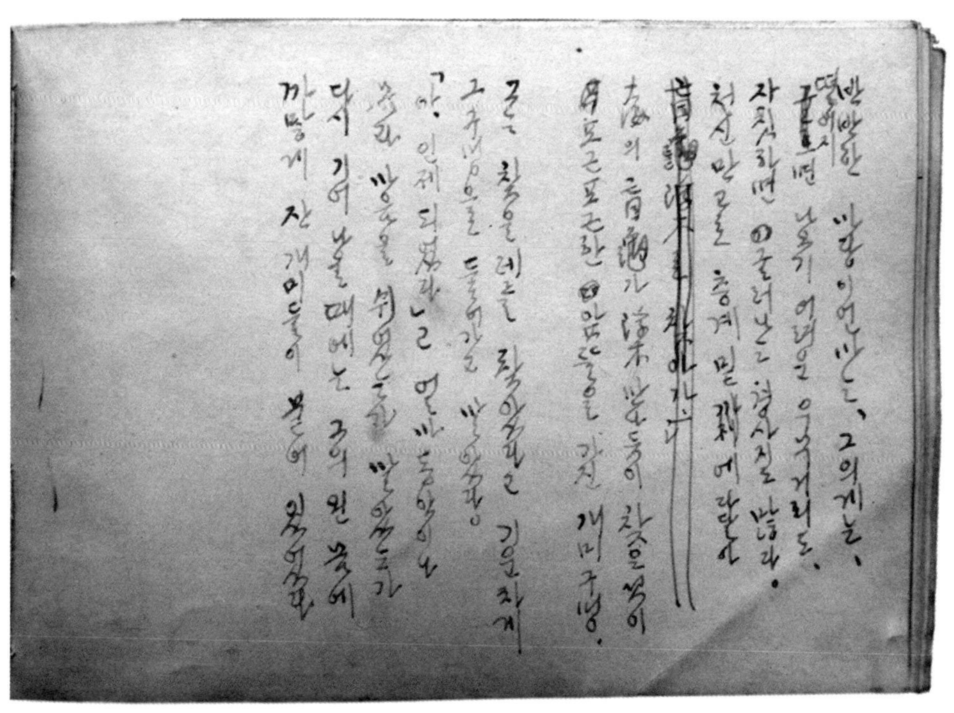

본문 〈표 2-56〉 ⑥

곤은 수없이 꿈을 꾸었다 깨었다,
몇번이고 이리 뒤척 저리 뒤척였다,
눈을 뜨고 쏟는 정을 떨어버리려 했다
굳은 분노와 고통과 원한을 되짚었다
배고픈 개미들을 그 사정을 몰랐다
실거정 떡기 까지 떨어지지 않았다

한 눈 떨어질 두 눈 떨어질
잔치 파한 손벗들 모양으로
술병술잔 개미들은 갔다
구레기는 다시 장류 꿈이 되었다
「살아가기 어려운 세상,
앞을 못 내다 보는 설움」

본문 〈표 2–56〉 ⑦

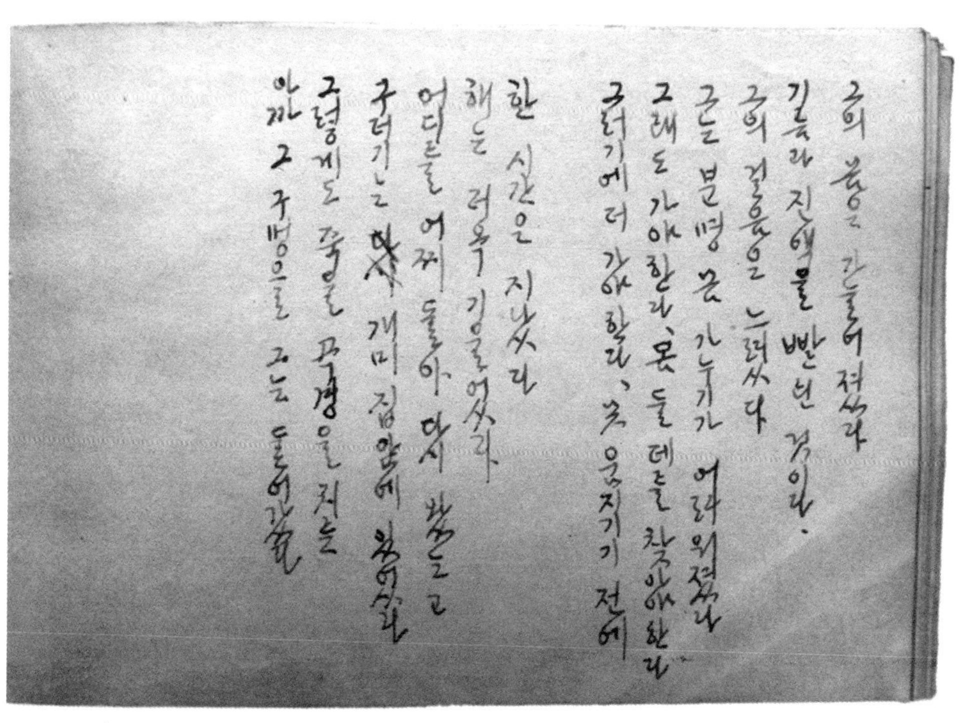

그의 몸은 간들어 졌었다
기름과 진액을 빨린 것이다.
그의 걸음은 느려졌다
그는 분명 몸 가누기가 어려워졌다
그래도 가야한다, 몸 둘 데를 찾아야 한다
그러기에 더 가야한다, 몸 움직이기 전에
한 시간은 지났다
해는 더욱 기울어졌다.
어디를 어찌 돌아, 다시 찾을고
구더기는 ~~와서~~ 개미 집앞에 와있었다
그렇게도 죽을 고생을 지는
아까 그 구멍으로 그는 돌어갔다

본문 〈표 2-56〉 ⑧

곧 한번 다시 세상을 보았다
그러나 그가 찾던 곳들 곳은
곧 마춤내 곳 찾고 말았다
둘재 날 곧 더욱 기운이 없었다
곧 몇번이나 들을 나던 우묵어리에
~~우묵어리에~~
굴러떨어지거는 다시 나오지 못하였다

다 저녁때에 나는 그의 끝이
개미들에 끌려옴을 보았다
갈라진 그는 앞을 움지겠음을
덤벼드는 적을 버티칠 힘은 없었다
그는 아프지 가려운지 움지려거리면서
개미들이 끌대로 천천히 끌려갔다

본문 〈표 2-56〉 ⑨

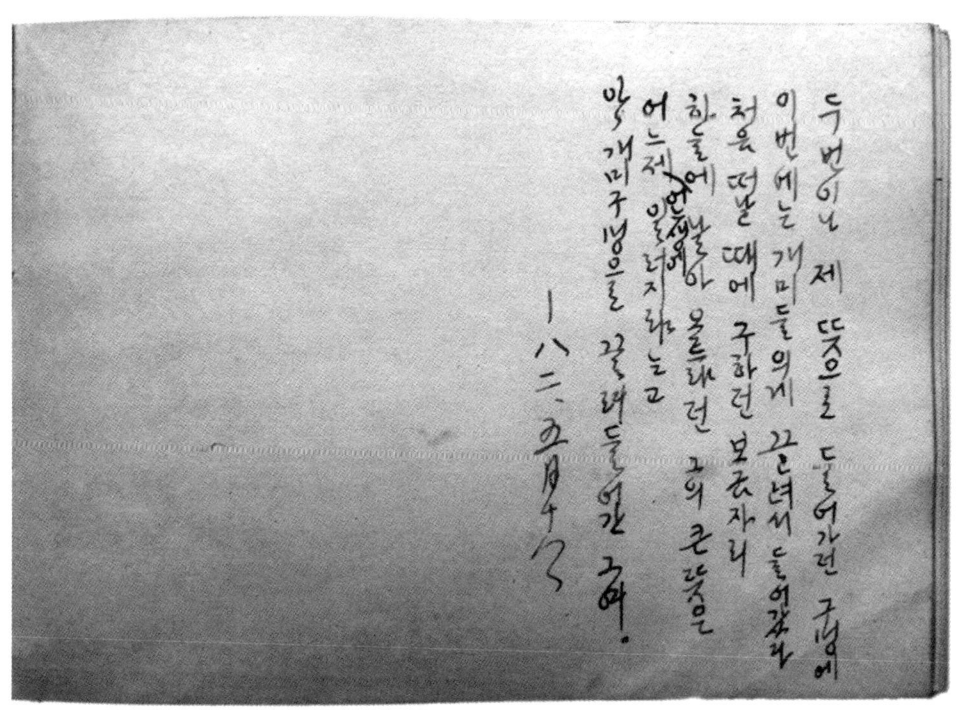
두번이나 제 뜻으로 들어가던 구멍에
이번에는 개미들의게 끌녀서 들어갔고나
처음 떠날 때에 구하던 보금자리
한울에 날아 올으래던 그의 큰 뜻은
어느제 일허지랴는고
앗 개미구멍으로 끌려들어간 그여!
一八 二 五月 十八

본문 〈표 2-56〉 ⑩

죽은 꽃씨

작은 딸봉이 살은 꽃씨
「그 꽃은 죽어도 사년은 죽은 꽃
「이 꽃도 날까」
「박혀 보렸구나」

「어디다 박혀 보?」
「좁은 터에 꽃씨 박일 레가 있나
「여기, 여기를 이렇게 파고」
딸은 삽으로 딸 한 복판을 팠다

땅을 굳고
삽을 누르고
팔힘을 약하고
딸은 이마에 땀을 흘렸다

본문 〈표 2-57〉 ①

길어가 넉자
넓이가 두자
네모난 화단이 뜰 복판에 생겼다.
저쪽 마당 오랑캐 풀로 선을 둘렀다.
딸라 재숙이와 둘이서
바깥 흙을 파라가 보들하고
쪼그마한 스므 손가락이 주물너
흙을 골라 반듯하게 하였다
씨를 뿌렸다
세 가지 씨를 뿌렸다
「이게 날까」 딸을 또 물었다.
「두고 보자」 아비는 말하였다

본문 〈표 2-57〉 ②

덜라 재숙이와 아츰 저녁에
꽃밭에 물을 뿌렸사라
「술〻 뿌려야 돼、
막 주면 땅이 굳어져서 안 된대」
한 일혜도 지났사라
「이거 왜 안 날까」
일들이나 비가 오고 개었사라、
「오고 내보고、 뾰족〱 나왔어」
볼일락 빨락한
가냘편 싹들이
가만히 드려다 보면
열 아홉이나 나왔사라

본문 〈표 2-57〉 ③

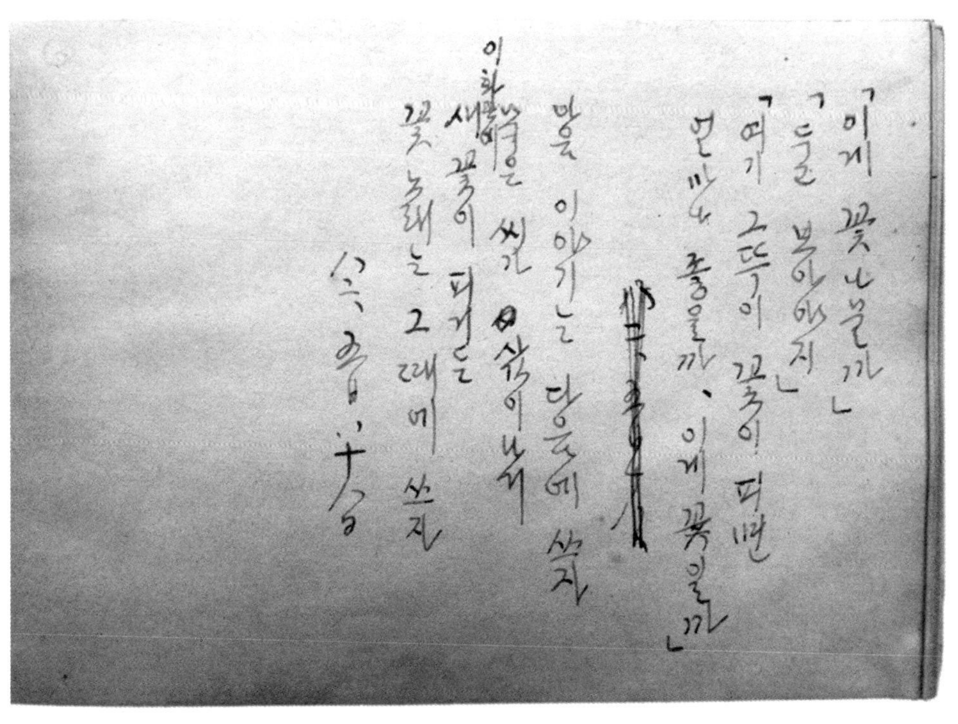

본문 〈표 2-57〉 ④

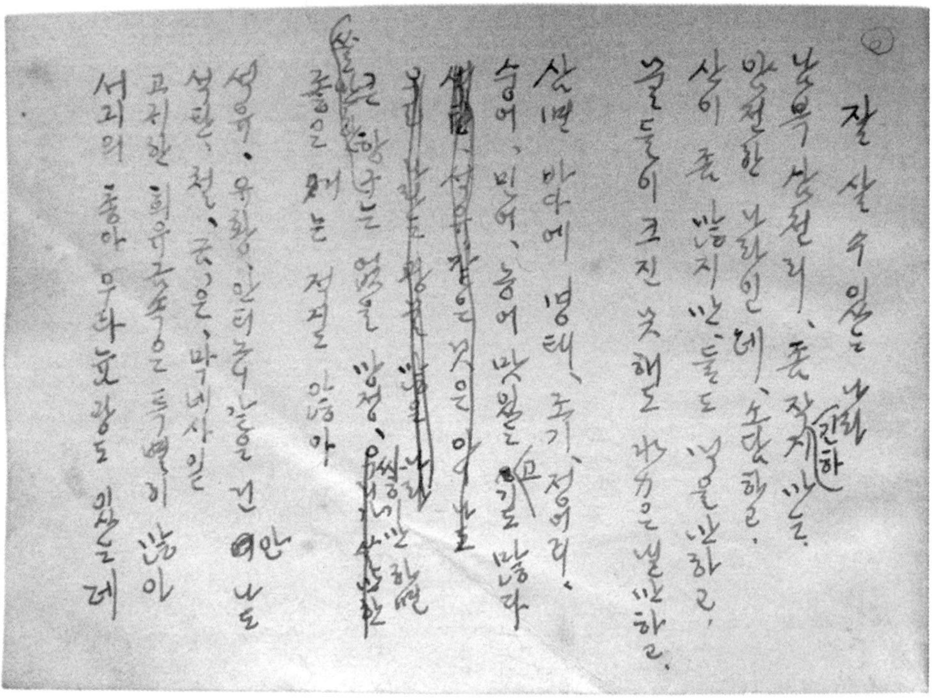

본문 〈표 2-58〉 ①

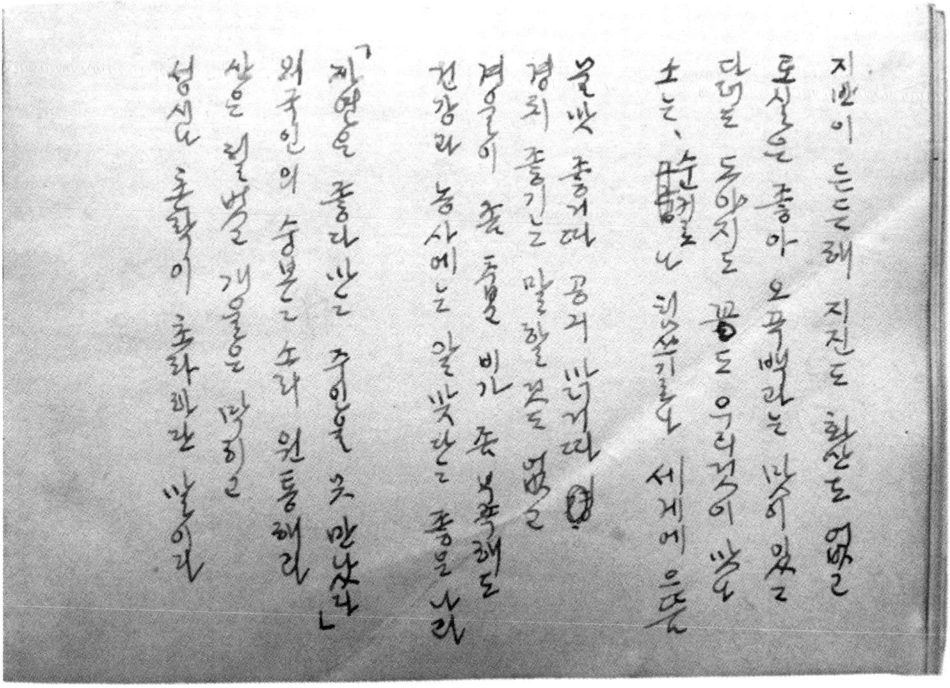

본문 〈표 2-58〉 ②

이런 책방을 들어도 싸 —
입이 열이라도 할말을 없다
상은 한번을 개울은 부한
섬시나 촌락은 촌락한 하는

잘 못이야 우리 잘 못
남의 탓이 아니라
삼에 남근 직업상우니 안 심뜰우니
계울러서 좋은 집도 못 지었우니
오백년이나 나빴거나 왜정이 나빴거나
양반 잘못이었거나 유교의 탓 이였건
탓은 우리 탓 잘못을 우리 잘 못
벌어부친 산천 밖이 하변 된일 안는가

나묵는 심세그려 개울은 추세그려
큰 개울에 둑을 쳐서 전기도 내세그려
묵은장이 일궈내어 논밭 새로 풀어줄
광물은 캐어내어 공업원료 삼세그려

본문 〈표 2-58〉 ③

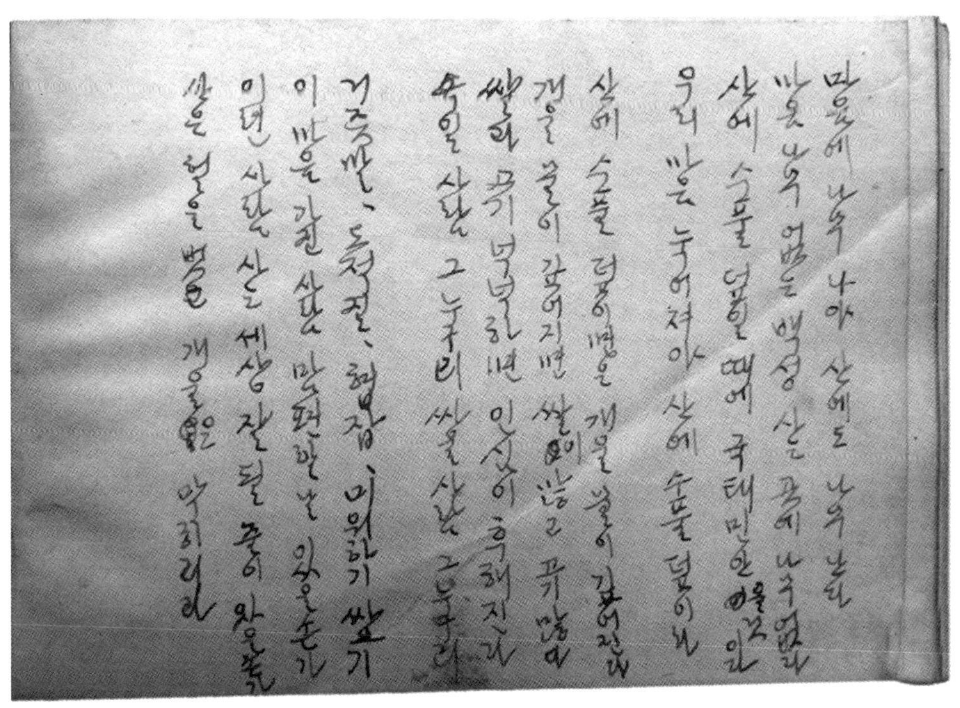

본문 〈표 2-58〉 ④

볼을 더갓이 복이 많은 동네가 많하고
다니개 즘생 쌍쌍해도 그 집이 흥하닪
큰 술이 나는 집에 있는 물은 불남은
맑은 깨끗한 삶을 벌어지도 피하난ㄹ

복상스러운 개 한마리가 있어도
부 원 집안에 복이 온다
더욱은 한 사람이 원 집과 원 동네
아니, 원 나라의 복이 된다

어화 이 강산에 어떤 나라 세울 가나
산에는 수풀 죽죽 강에는 물이 철철,
동네는 화평한 동우는 탄탄한
오곡은 무성하고 육축은 번식한

그러는 쉬임 없이 돌고
배 수레는 괴운차게 달리고
산에는 새 즘생 [illegible] 할
물에는 물고기 많 [illegible]

본문 〈표 2-58〉 ⑤

거짓은 잊혀질
참말이 알려진
미움은 죽고
사랑은 피고

참된 말 맞는 노동으로 가고
밭은 풍요한 양식을 흐르고
굶주림이 없고 헐벗은이 없고
늙은이 덕없을 이 뫼에 높낮이 없을

이 땅은 이런 나라 만들기에 맞는 땅
피 같은 빨갛을 이 백성은 맑은 백성
때도 맑을 이런 나라 이룩한 때
필요한 것 오직 「내가 하자」는 발흥이라

1八二、[illegible]九

본문 〈표 2-58〉 ⑥

본문 〈표 2-59〉

하느님

하느님, 당신은 우주를 지으실 따스
하(시)는 어른이시니라
당신의 솜에 지어진 나는 당신의 빛
을 다 알지는 못할 것입니다.
조개비로 바다 물을 되어 본 것과
같을
내 뼘을 하늘의 둘레를 재어
본 것과 같겠습니다
당신의 지혜에 내 지혜를 비기는
것은 마치
해에 반디불을 비는 것과 같겠습
니다
큰큰 당신의 힘에 대어 보면 내
적은 힘을
어디, 난 바다에 헤엄치는 잔 새우
만이나 하겠습니까

본문 〈표 2-60〉 ①

그런 줄을 아랍니다, 그러나 내 몸
을 꾸려가기에야
내 힘 밖기에 믿을 것이 어디 또 있
습니까
그야 내가 발 붙일 땅이나 발길
공거나 물이나 먹을 것이나
다 당신이 마련해 놓은 것이지요
내 반쪽이는 꾀나 아물거리는 힘이나
다 당신께서 준 것이지요
그런 줄은 아랍니다 잘 아랍니다 만은,
그것이 매양 부족합니다 그려
조금만 더 알았으면
조금만 더 힘이 있었으면
당신께서 정해주신 한 세상을 살아
가기가
수월할 것도 같습니다 만은
알듯 안듯하면서 막히기만 하니

본문 〈표 2-60〉 ②

본문 〈표 2-60〉 ③

본문 〈표 2-60〉 ④

지구상에서 인류가 망할 때가
되어서 그런게오니까
그렇지 아니하면 —
당신의 뜻을 따를 이 없어서,
좋은 생각이 없어서 하시는 일을,
내가 괘니시리 챙견을 한는게오니까.
세상이 되어가는 양을 잘 자꾸
둘 밖이만 하오리까.
그렇지 않음고 많은 사람들의 죄를
이렇게 세상이 소란하라면
내라도 나서서 떠들어야 하겠습니다
「물러서라, 사람들아. 곧 돌아서라
너희가 잡은 길은 멸망의 길!」
이렇게 외쳐야 하겠습니다.
한번은 내 소리를 뉘 있어 들으
랴고 보오?

본문 〈표 2-60〉 ⑤

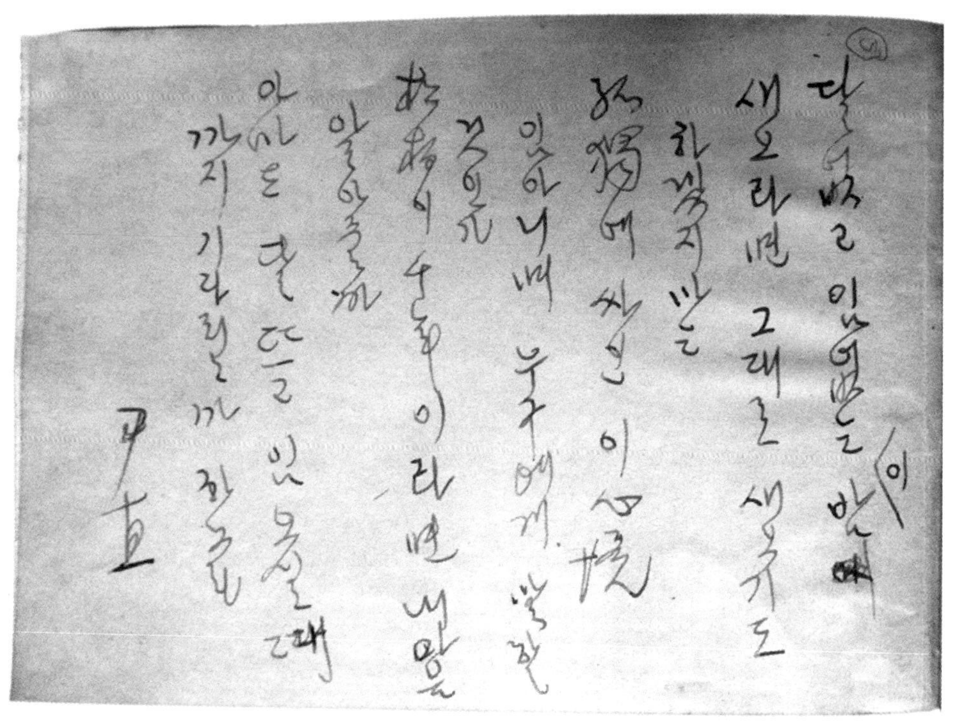

본문 〈표 2-61〉

뒤표지

후기

이광수에게 한걸음 더 다가갈 수 있기를

이광수의 육필 미발표 시첩을 처음 본 순간의 감동은 지금도 잊을 수가 없다. 누렇게 바랜 종이, 군데군데 보이는 얼룩 등은 첫눈에도 그동안에 긴 세월이 흘렀음을 말해 주었고, 이광수의 척척 써 내려간 필체와 내용들은 쓰여진 시기와 맞물려 감동과 함께 애절함과 안타까움 등이 느껴졌다. 이러한 감동과 애절함이 미발표 시첩을 지금이라도 세상의 빛을 보게 한 원동력이 되지 않았나 생각한다.

'왜 이광수는 시집을 발표하지 않았을까?'라는 의문으로 시작된 이 작업들은 우선『시집 사랑』과『전집』과의 비교 작업을 시작으로 각 시들을 한 자 한 자 확인해 가는 과정을 거쳤다. 그러나 이러한 작업들은 척척 써 내려간 이광수와는 달리 조심스레 진행되었다. 한 글자에도 쩔쩔매고 있었던 모습들은 당시의 이광수에게 좀 더 다가가기 위한 노력들이었다고 위로해 본다.

시를 읽어 내려가면서 많은 답들도 얻을 수 있었다. 척척 써 내려간 듯이 보이지만 그 속에는 많은 회한과 깨달음과 번뇌가 담겨져 있었다. 당당하게 남 앞에 내놓지 못하는 대신 자기 자신에게만은 솔직하고 싶었던 심경을 고스란히 담아낸 이 시들이 이광수를 대신하여 우리에게 이대로 묻혀버리게 둘 수는 없다는 생각을 갖도록 만들었던 것 같다. 하루에도 몇 편씩 시를 쓰거나 제목도 붙이지 못한 채 써 내려간 시들, 썼다가 지우고 다시 쓴 수정의 흔적들은 털어놓지 않으면 견딜 수 없었던 절박한 심경을 느끼기에 충분했고, 이러한 자신의 마음을 간직하고 훗날을 기약이라도 하듯이 직접 시첩 형태로 만들어 보관하고 있었던 듯하다.

따라서 이 자료집은 이광수가 발표하지 못했던 미발표 시첩이라는 것을 상기하며 '시첩' 그 자체로 읽혀지길 바란다. 그래야 당시 발표하지 못했던 이광수의 심경에 조금 더 다가갈 수 있을 것이며, 지금이라도 발표하게 된 것에 대한 기쁨과 소중함도 느낄 수 있을 것이다.

일본어에 "평범한 사람이라도 세 명이 모여서 상담하면 문수보살과 같은 지혜가 나온다(三人寄れば文殊の知恵)"라는 속담이 있다고 가르쳐 주신 하타노 선생님의 말씀처럼, 해독이나 판단이 어려운 경우는 함께 재확인 작업과 토론을 통해 풀어 나갔다. 이러한 과정들 속에서 나는 또한 하타노 선생님과 심원섭 선생님께 많은 것을 배웠다. 전집을 보충해 나가는 것뿐만 아니라 그동안의 잘못된 자료들에 의지하지 않고 고쳐 나가는 작업들이 얼마나 신중한 판단과 고심을 요하며 꼼꼼한 노력들이 필요한지를 가르쳐 주셨다.

나에게는 내가 한 것보다 배운 것이 더 많은 시간들이었다. 그동안 지식과 경험이 부족한 나에게 많은 것을 가르쳐 주신 하타노 선생님과 심원섭 선생님께 이 자리를 빌려 진심으로 감사의 말씀을 전하고 싶다. 그리고 번거로운 편집 작업에 애써 주신 소나무출판사 여러분께도 진심으로 감사드린다.

2017년 1월 동경에서

이유진